遊動論

柳田国男と山人

柄谷行人

文春新書

953

遊動論——柳田国男と山人◎目次

第一章　戦後の柳田国男

1　戦中から戦後へ

「一国民俗学」の抵抗

柳田国男は初期の段階で山人《やまびと》、漂泊民、被差別民などを論じていたが、後期にはそれから離れ、彼が「常民」と呼ぶものを対象とするようになり、「一国民俗学」を唱えるようになった。そのことが重視され、且つ批判的に語られるようになったのは、一九七〇年代から八〇年代にかけてである。それまで、柳田に対するそのような見方はなかった。柳田の初期の仕事についてはよく知られてはいたが、文学的な仕事であると見なされていた。つまり、その後の民俗学や歴史学に結実する可能性をはらむ若書きであると考えられていた。ところが、その初期の仕事の方が重視されるようになり、さらに、柳田が後にそれを放棄したことが非難されるようになったのである。

戦後に、柳田民俗学が「一国的」であると非難されることはありえなかった。というのも、敗戦後の日本はまさに「一国的」であったからだ。実際、多くの人々が外地から引き揚げてきた。日本人が海外に出ることはきわめて少なかった。一般日本人の海外渡航が（資産証明書提出などの条件付きであるが）解禁されたのは、一九六四年、すなわち柳田の没後二年である。「一国民俗学」あるいは日本人の自閉性が批判されるようになったのは、その後、日本企業が海外に向かうようになってからである。

それまで、「一国民俗学」を批判する人はいなかった。逆に、それは、敗戦後の日本のように小さな限定された所であろうと、それを徹底的に極めれば普遍的でありうる、という可能性を示すように思われた。彼の仕事は、輸入品ではない独自の学問であり、日本に固有の現象を省察する鍵を与えるものだと考えられたのである。また、柳田が民俗学の対象を農民＝常民にしぼったことを批判する者がいるはずがなかった。なぜなら、戦後の日本の社会は、爆撃による工場の破壊と兵士の帰還があいまって、むしろ戦前以上に農民の割合が増えたからである。

しかし、柳田国男が一国民俗学を唱えたのは、戦後の日本のような状態においてではない。彼がそれを言い始めたのは、一九三〇年代、満州事変以後の戦争期である。つまり

「五族協和」や「東亜新秩序」が唱えられるような時代である。そのような情勢に対応して、比較民俗学ないし世界民俗学が提唱されたとき、柳田はそれを斥《しりぞ》け、先ず日本一国内で民俗学を確立すべきだと主張したのだ。つまり、彼がいう「一国」主義は、戦後のそれとは、意味合いが異なるのである。

一九三〇年代において、柳田の一国民俗学は、時代状況に抵抗するものであった。しかし、この抵抗は、それ以前に彼の企てが敗北してきた結果、やむなくとった形態であることを知っておくべきだろう。彼が敗北したのは、明治以来の農業政策だけではない。一九二〇年代のさまざまな政治的発言や活動もそうである。たとえば、彼は朝日新聞論説委員として、吉野作造とともに普通選挙を実現するために活発に論陣を張った。さらに、吉野と選挙の応援演説に行ったりした。その意味で、大正デモクラシーの一翼を担ったのである。

しかし、一九二八年に実現された普通選挙の結果は、柳田を深く失望させた。彼は当時、零細農が投票する選挙を通して、合法的に農地改革ができるようになることを期待していたが、それはできなかった。そこから、彼はつぎのようにいう。

選挙がどういう訳でこの国ばかり、まっすぐに民意を代表させることができぬかというような、さし迫った一国共通の大問題なども、必ず理由は過去にあるのだから、これに答える者は歴史でなければならぬ。人がそういう史学を欲しがる時が、今まだ来ていなければ、近い未来にはきっと顕われる。この私たちのいう実験の史学は、もちろんもっと広汎な前線をもっているが、まずこういう実際問題によって、その能力を試験せられてもよいと思う。

（「実験の史学」、傍点引用者）

このような問題は戦後も、現在も同じである。あるいは、世界中どこでもそうであるかも知れない。柳田はこの問題を民俗学の方法によって考えようとした。それが、彼のいう「実験の史学」であった。柳田の民俗学＝史学はこのような「実際問題」と切り離せない。柳田国男は明治以来、一貫して、現実の政治に関わってきたのである。それらはことごとく敗北に終わった。が、その敗北の原因を問うことがむしろ、彼の民俗学であり史学であった。

だが、一九三〇年代、すなわち、満州事変以後の一五年戦争の時期は、それまでと異なる。柳田はもはや「実際問題」にかかわることができなくなったのである。しかし、皮肉なことに、この時期から、柳田の民俗学は広く一般に読まれるようになった。橋川文三はその状況について、つぎのように述べている。

大陸に戦火がひろがり、やがてアメリカ、イギリスとの大戦へと展開してゆく時期、柳田は各地への講演旅行、東北大学、京都大学などでの民俗学講義、ラジオ放送、数次にわたる民俗学講習会の講師等々として多忙な日々を送っている。この間、『昔話と文学』『木綿以前の事』『国語の将来』など、創元選書として次々と刊行された著作は、民俗学になじみのうすい一般読者層にもひろく読まれ、青年・学生層の間にファンというべきものさえ作り出していった。それは、一般に社会科学的なものが権力によって抑圧されたのち、観念的な歴史学の横行するのに反感をいだいた人々にとって、その文学的なかおりと実証的な調査との魅力が、ある心の安らい場所となったからである。マルクス主義者の中にも、たとえば志賀義雄、中野重治、石田英一郎、橋浦泰雄、浅野晃、水野成夫のように、柳田の学問にひかれ、その門に出入りする人々が少なくなかったが、それは、フォークロアが、そのいわばブルジョア的起源にもかかわらず、やはり十九世紀の実証科学としての本質を失わず、民衆の生活実態に対する関心を保持していたからといえよう。

（『柳田国男論集成』）

橋川の考えでは、この時期に柳田の仕事が読まれるようになったのは、共産党が弾圧されたのち、「観念的な歴史学」つまり、京都学派の「世界史の哲学」のようなものが支配的になり、それに不満をもった人々が柳田の仕事に救いを見出したということである。

中野重治との対談

しかし、柳田自身はこの状況に満足していたのではない。このような事態に至ったことを、自身の無力さとして感じていた。したがって、敗戦に際して、柳田は「一国民俗学」に満足するどころか、かつて企てながら果たせなかったことをあらためてなそうと待ち構えていた。敗戦の直前に、柳田はこう記した。

八月十一日　土よう　晴あつし

早朝長岡氏を訪う、不在。後向うから来て時局の迫れる話をきかせられる。夕方又電話あり、いよいよ働かねばならぬ世になりぬ。

（『炭焼日記』）

この「働かねばならぬ」ことには、おそらく、その翌年七月に枢密顧問官に任命されたことがふくまれるだろう。柳田は新憲法の審議に加わったのである。しかし、彼が考えていたのは、やはり、家族制度もふくむ農民問題であっただろう。

ところで、戦後に「いよいよ働かねばならぬ世になりぬ」と考えたのは、柳田だけではない。長く弾圧されていたマルクス主義者も同様であった。この点で、興味深いのは一九四六年一一月に、柳田国男が中野重治とおこなった対談である。一方は、枢密院顧問、他方は共産党員（一九四七年から三年間参議院議員となる）という組み合わせは、普通ならありそうもない。しかし、彼らの対話は唐突なものではなかった。彼らは戦前から知り合いであった。

中野重治は一九三一年に日本共産党に入党、翌年逮捕され、二年後、転向を条件として出獄した。この時期、中野と同様に転向した学生時代からの親友、大間知《おおまち》篤三《とくぞう》や橋浦泰雄が柳田の門下に入っており、中野自身も一九三七年に、柳田が組織した「民間伝承の会」の会員になっている。彼らが柳田国男に向かった理由は、戦前の共産党の躓きも、結局、農村問題にあったからである。

共産党は、小作料が物納であることから、それが封建遺制であり、日本の社会がまだ半封建的（絶対主義）段階にあると考えた。ゆえに、まずそれを打倒した上で社会主義革命にいたるという「二段階革命」を唱えた。そこで、すでに普通選挙が実施されているような時期に、君主制を打倒する暴力革命を提唱し、弾圧されただけでなく、人々の支持をうしなった。その結果、大量の転向者が出たのである。柳田国男は、当時の共産党に関してつぎのように書いた。

現在の共産思想の討究不足、無茶で人ばかり苦しめてしかも実現の不可能であることを、主張するだけならばどれほど勇敢であってもよいが、そのためにこの国民が久遠の歳月にわたって、村で互いに助けてかろうじて活きて来た事実までを、ウソだと言わんと欲する態度を示すことは、良心も同情もない話である。（『都市と農村』）

このような発言が反動的思想としてマルクス主義者によって非難されたことはいうまでもないが、むしろ驚くべきことは、その中に、当時の共産党の日本社会への認識の欠陥を反省して、柳田に学ぼうとした者がいたことである。[1]そして、柳田もそれを受け入れた。

このような時代にマルクス主義者が孤立していたことは誰にも明白であるが、むしろ柳田が民俗学者の間で孤立していたことは気づかれず、理解されないままであった。柳田国男が戦後、枢密顧問官として活動しながら、中野重治との対談に進んで応じたことは、たんに世相に機敏なジャーナリズムの企画に乗ることではなかった。それは戦前以来の問題に再直面することであった。それには、中野重治以上にふさわしい相手はいなかっただろう。柳田は中野に対して率直に、共産党はどうするつもりなのか、と問う。

どうも全体に、新聞が同情して書いてる記事を見ても、まず破壊というような態度になって、建設的な意図がちっともあらわれていない。だからユートピアでもいいから、こうなるのだという夢の材料を、もう少しわれわれのような年をとって想像力でもって将来の日本のことを考えてる者に、安心のできるようなプランを示さなければならない。ところが近来殊にそうなんだけれども、大体に、今あるのは良くないんだから、一たん壊したら何かあとからできるだろうとか、また人によってはほんとにそう考えてるらしい。

（『展望』一九四七年一月号）

一方、中野重治は、「共産党では、ということになりますが、日本の平和革命のパースペクティブを早く発表したい」という。《いま平和革命と口では言っても、どさくさ紛れに暴力革命をやるんだろうという懸念があるだろうと思うんです》。それに対して、柳田は容赦なく、「あります」と答えている。とはいえ、このような問題に関して、中野が十分に答えられるはずがなかった。中野は著名な作家であったとはいえ、共産党の指導的地位に立ってはいなかったからだ。

党の実権を握ったのは、獄中非転向を誇る人たちであった。彼らの認識は、戦前の共産党の延長で、かつての失敗から何も学んでいなかった。したがって、結局、戦前と同じことをくり返したのである。実際、共産党はそれから数年後に「平和革命」（議会主義）を欺瞞とみなし、武装闘争に転じた。その根拠は、日本は米軍の支配下にあるから民族独立のための反米闘争が先決である、また、農地改革はあったものの日本にはまだ半封建的土地所有が残っているから、それを変える民主革命が必要だ、ということである。つまり、戦前と同じ「二段階革命」論なのである。ちなみに、「社会主義革命」というと過激そうに聞こえ、「二段階革命」というと漸進的あるいは穏健そうに聞こえるが戦前も戦後も、実はその逆であった。この過程で参議院議員にもなった中野自身は違う考えをもっていただろうが、戦前に転向したため、非転向の指導者に抵抗することができなかった。このことは、柳田国男との対談が載った雑誌『展望』の同じ号に、中野が発表した小説『五勺の酒』からも明らかである。たとえば、主人公の校長は痛烈に共産党を批判しながら、非転向の指導者を今後の道徳の基礎にせよという。[2]だが、彼らに従えばどうなるか。柳田が懸念したとおりになったのである。

農地改革による挫折

柳田国男は、マルクス主義の陣営では戦前から、地主階級イデオロギーに制約された思想家として批判されていた。その中で、中野重治とはすこし異なる観点から、柳田を高く評価する人がいた。花田清輝である。

(柳田国男は) 農村における前近代的な協同のありかたを否定的媒介にして、産業組合と農民組合とを打って一丸とするようなあたらしい組合のありかたを——超近代的な組合のありかたを考えているのだ。

わたしは、どちらかといえば、柳田史学よりも柳田民俗学に——柳田民俗学によってあきらかにされたわが国におけるさまざまな前近代的な芸術のありかたに、ヨリ多く興味をもつ。なぜなら、わたしには、それらの芸術のありかたを否定的媒介にしないかぎり、近代芸術をこえた、あたらしい革命芸術のありかたは考えられないからである。

（「柳田国男について」）

花田清輝は、中野重治についても同様の「弁証法」を述べている。《たとえば中野重治の初期の作品などには、前近代的なものをスプリング・ボードにして、近代的なものをこえようとする態度が、不十分ながら、みとめられるのではなかろうか、と考えるようになった》（同前）。だが、このような意見は少数派にすぎなかった。中野重治が柳田国男に告げた「平和革命」あるいは「ユートピア」的な案は、まもなく脆くも壊れた。先述したように、共産党は戦前と同じ社会認識にもとづいて、同じことをくり返したのである。

しかし、ここでむしろ注意を促したいのは、柳田のほうでも、彼が長年抱いてきた構想が完全にとどめをさされた、ということである。実は、その原因は、米占領軍によってなされた農地改革にある。この農地改革は、日本の軍国主義の基盤であった農村を根本的に変えるだけでなく、むしろ左翼運動の基盤を断つことを目的としていた。共産党の農業政策はソ連型のコルホーズを作ることであったが、農地改革によって、それは不可能となった。それまで戦時下でさえ小作争議が絶えなかった農村は、改革以後、一挙に保守派の基盤と化したからである。ただ、この農地改革では山林地主が放置されたので、共産党主流派は、そこに革命の可能性を求めて、山村工作隊を派遣した。むろん、それも無残な失敗に終った。

しかし、ここで注目すべきことは、米軍が行なった農地改革が、共産党だけでなく、柳田が考えていた「農政」をも挫折させたということである。明治時代に、農商務省の官僚となった柳田は、「農業国本説」を掲げる農政に反対した。この農政は富国強兵を目的とするものである。工業に投下されるべき資本を農民からの収奪によって得、また、兵士を農村から得る。ゆえに、農が肝要である。柳田が反対したのは、このような「農本主義」である。それに対して、彼が提案したのは、小農たちが協同組合によって連合し、農村を商工業をふくむ総合的な産業空間にする政策であった。むろん、彼の提案はまったく実らなかった。その挫折から、彼の民俗学が生まれたのである。柳田の民俗学は「農村生活誌」であり、その根底に、農村改革の目的があったのだ。

花田清輝の言葉を借りていえば、柳田は、「農村における前近代的な協同のありかたを否定的媒介にして」、新たな協同性を創造しようとしてきた。戦後には、あらためてそれを行う可能性があったが、米軍による農地改革は、それを葬り去った。農地改革によって小作人が耕作していた土地を所有したため、自作農は増えた。しかし、彼らは結局、零細農であり、補助金と副業あるいは兼業によって生きることになっただけである。その後、一九五〇年代後半には、高度経済成長が始まり、農村人口が減少する一方で、稲作中心の農業の保護政策がとられるようになった。このような農政は、柳田が反対した明治以来の「農本主義」と基本的に異なるものではない。その意味で、柳田が考えていたことは、明治、大正時代に挫折しただけでなく、戦後にも挫折したというべきである。

2　柳田の敗北

戦時下に書かれた『先祖の話』

柳田は、一九四五年空襲警報を聞きながら『先祖の話』を書いた。敗戦の近いことを知っていたはずだから、彼はこの本を戦後に向けて書いたのである。柳田はつぎのようにいう。日本では、人が死んだら魂は裏山の上空に昇って、祖霊（氏神）となり、子孫を見守る。これはそれまで他の著作でも述べてきた持論である。『先祖の話』が異なるのは、つぎのように緊急性をもった問いにある。それは、外地で戦死した若者らの霊をどうするのか、という問いである。

少なくとも国のために戦って死んだ若人だけは、何としてもこれを仏徒のいう無縁ぼとけの列に、疎外しておくわけには行くまいと思う。もちろん国と府県とには晴の祭場があり、霊の鎮まるべき処は設けられてあるが、一方には家々の骨肉相依るの情は無視することができない。

国家は戦没者を「晴の祭場」に祀ろうとするであろうが、そんなことで死者の霊は浮かばれない。事実、戦後に戦没者の霊は靖国神社に祀られ、それは今も国際的な政治的争点となっている。しかし、柳田によれば、こんな神社に祀ることで霊は浮かばれない。死者が〝先祖〟になれないからだ。では、どうすればよいのか。本書の最後に、柳田は若い戦死者を養子縁組によって「先祖」にすることを提案している。《新たに国難に身を捧げた者を初祖とした家が、数多くできるということも、もう一度この固有の生死観を振作せしめる一つの機会であるかも知れぬ》。そして、これこそ、この本の主題である。

しかし、当然ながら、この案は実行されなかった。柳田に忠実な弟子たちも、それを実行したとは思えない。戦時中に柳田に会った中村哲は、つぎのように回想している。

戦争中、私は柳田国男と国家について彼の書斎で論議したことをいま思い出す。彼には、あの戦争というものが納得されるものではなく、それをいう根拠は家の継続ということであった。若い人々が家を離れて再び国土に還ってこないということがあっていいものであろうかというのである。（中略）彼にはこういう戦争をする国家というものへの疑問があるというのであった。この『先祖の話』のなかでも、このことを注意ぶかく読めば柳田の平和な心情と家想いの思想を汲みとることができる。（『柳田国男の思想』）

橋川文三も『先祖の話』に深い感銘を受けたことを語っている。しかし、彼らは柳田の国家への批判を評価するが、柳田が信じている肝腎のことを信じていない。しかも、信じられないということを、苦にもしていない。先祖信仰は宗教の未開段階であると考えているからだ。柳田は宮中の祭祀に関して、つぎのように述べている。

宮中のお祭は村のお祭とよく似ています。中間の神社のお祭は色々やかましい儀式があったりして違っているが、宮中のお祭と村々の小さなお宮のお祭とは似ている。これではじめて本当に日本は家族の延長が国家になっているという心持が一番はっきりします。民間の年越の祭とか収穫の感謝の祭とか、自然のお祭というものを、宮中と同じようにやっていることは、民間の者が知ることはいくらも機会があるけれども、天子様がお心付きになるような時代が来たのは本当に悦ばしい有難いことだと思いました。それが私のこの学問をする大きな刺戟になって居ります。（「民俗学の話」）

柳田はまた、「山宮考」では、伊勢神宮は氏神と同じだといっている。要するに、天皇は常民にふくまれる、というのである。そのようにいうのは、一君万民の天皇制を支えるイデオロギーだという批判がのちにあった。しかし、天皇が常民と同じだというのは、天皇を国家権力と結びつける天皇制への批判であり、また国家神道への批判であった。

ただし、柳田の批判は、あくまで「氏神」を信じることにもとづいている。柳田は国家権力と結んだ天皇制を斥けるが、天皇を否定しない。それは国家神道を斥けるが、氏神や神社を否定しないのと同じである。というより、氏神を信じるからこそ、国家神道を否定するのである。また、氏神を信じるからこそ、若者を外地に送って死なせる国家を認めないのだ。しかし、『先祖の話』で柳田が主張したことは、戦後に出版されたとき、愛読者にも本気にされなかった。この本の序文で、柳田はつぎのような抱負を述べた。《今度という今度は十分に確実な、またしても反動の犠牲となってしまわぬような、民族の自然と最もよく調和した、新たな社会組織が考え出されなければならぬ》。しかし、この本はせいぜい、「反動の犠牲となってしま」うような結果をもたらしただけだった。[3]

沖縄に向かった理由

柳田国男が戦後に味わった挫折は、ほかにもある。それは沖縄に関係することだ。一般に、晩年の柳田国男の課題は、日本民族の出自と稲作の起源を問うことだったとされている。そのために、彼は沖縄に向かったというのである。しかし、柳田が沖縄に向かったのは、そのような目的からではない。また、日本民族の出自と稲作の起源を問うことなどが、彼の終生の課題となるわけがなかった。

村井紀は、柳田国男が沖縄に向かったことを、かつて官僚として日韓併合（一九一〇年）において法制および政策に関与したことを打ち消すためだったと批判した（『南島イデオロギーの発生』）。しかし、柳田が一九二一年に沖縄に渡ったとき、日韓併合問題、あるいは、山人あるいは先住民の問題を打ち消して、南島に日本民族のアイデンティティを見出そうとした、ということはできない。

というのは、柳田は沖縄に行ったあと、まもなく国際連盟の信託委任統治委員となってジュネーブに向かったからだ。それは日韓併合の問題から離れることではなく、それを普遍的な観点から見直すことであった。これについては、のちに詳述する。また、戦前から柳田が沖縄を重視していたことは事実だが、それは東北地方を重視したのと同じ理由によってである。彼の民俗学＝史学においては、民間伝承が南北ないしは東西の両端で一致するということが肝要であったからである。

沖縄は、明治日本国家が、琉球王国の占領解体（「琉球処分」）によって日本領土に組み込んだものである。琉球処分は植民地支配であり、朝鮮や台湾を支配するのと同じである。柳田は「日朝同祖論」の類には反対であり、一九三〇年代に進められた朝鮮人や台湾人の「皇民化」にも反対であった。ところが、琉球に関しては、違っていた。まさに「同祖論」をとったのである。しかし、柳田が一九二一年那覇での講演で述べたことには、複雑な含みがある。彼は、沖縄の諸島が日本の中央から疎外されていることを述べると同時に、諸島の中でも、本島と、宮古・八重山、さらに、それらの周辺の島々との間に、同様の階層的差別、さらに収奪関係があることを指摘した。

それは、次のようなことを含意している。第一に、日本が沖縄を植民地として差別し収奪の対象としてしか見ないのであれば、沖縄人は独立して国家を形成してよい、ということである。第二に、沖縄が国家として独立する資格があるのは、以前に琉球王朝があったからではなく、人々がネーションとしての同一性をもつかぎりにおいてである。だが、そのためには、現にあるような島々の間の階層や収奪関係を廃棄しなければならない。一九二一年にジュネーブに行く前から、柳田は日本の植民地政策を外部からの視点で見ていたのである。

しかし、戦前の柳田は『海南小記』を刊行しただけで、それ以上、沖縄に関与しなかった。彼が沖縄について次々と論じ始めたのは、一九五〇年代である。このことは、福田アジオが指摘しているように、戦後の沖縄が置かれた状態と関係がある。沖縄は、沖縄戦以後、米軍に占領され、本土とは切り離されて、別の支配を受けた。そして、この状態は、一九五一年九月、サンフランシスコ会議で調印された対日講和条約（翌年四月二八日発効）によって固定された。

このことに関する日本本土の批判とか反対あるいは反省は必ずしも強いものではなかった。『海上の道』の一連の著述は、明らかにこのような日本本土の人間に注意を喚起し、反省を迫るものであった。日本にとって沖縄は不可欠な一部であることを、はるか昔に日本人の先祖が日本列島に渡ってきた経路を論じることで示そうとした。柳田國男は民俗学を「経世済民」の学であると強調したが、それが一九五〇年代には『海上の道』として表出されたのである。（福田アジオ、ちくま文庫『柳田國男全集』1巻「解説」）

『海上の道』では、中国南部の稲作農民が沖縄に渡り、さらに「海上の道」を通って、日本列島にやってきたと説かれている。しかし、沖縄人が日本に属するかどうかは、同祖であったか否かによって決まるのではない。現実に、平等に扱われているか否かによって決まる。実際、同祖でありながら、異なる国家を形成した民族は少なくない。しかも、沖縄人はもともと琉球王国を形成していたのだ。もし沖縄が日本にとって切り離すことができないような一部であるなら、平等に扱うべきであり、沖縄だけを犠牲にするのはおかしい。「同じ日本人」として扱っていないなら、彼らは独立を求めて然るべきである。

柳田国男が一九五二年以後にいおうとしたのは、沖縄の人々をこれ以上犠牲にするな、ということであった。では、柳田国男の死後、一九七二年の「沖縄返還」で、何が実現されたか。本土の米軍基地を沖縄に集中することになっただけである。沖縄人を平等に扱うどころではない。柳田がそれを知ったら憤慨しただろう。その意味で、柳田の南島論は、まさに彼の敗北を刻印するものである。

3　農民＝常民の消滅

吉本隆明の柳田論

先に述べたように、戦後には、柳田国男が期待したのとは別のかたちで、農地改革がなされた。さらに、一九五五年以後には、農村は、保守派が合同してできた自由民主党の金城湯池となった。いわゆる「五五年体制」である。経済の高度成長とともに農村人口は急激に減少していった。柳田が前提していた対象が消滅しはじめたのである。一九六二年、柳田が亡くなったころにはすでに、それまでの日本の知識人が前提した枠組が壊れつつあった。

その一つは、「知識人と大衆」というプロブレマティックである。柳田は、知識人の中で無視されてきた大衆文化を取り上げてきたことで、評価されてきた。しかし、経済成長によって、知識人と大衆、都市と農村の絶対的差異は消えてしまった。たとえば、大学への進学率が急激に上がった。大学生はそれまで知識人候補と見なされ、彼らもそのように自負していたが、その数が量的に増えるとともに、変容してしまった。知識人の文化が消えるとともに、それまでの大衆文化も変容した。それはいわば〝サブカルチャー〟というべきものとなった。そして、柳田国男は今や、サブカルチャーを重視した先駆的存在として評価されたのである。

柳田の仕事はその出発点から農政と切り離せないものであった。さらに、民俗学といっても、それは根本的に史学であった。それはいわば、「経済的下部構造」と密接したものであった。しかし、この時期から、柳田の仕事は、そのような面を還元した「民俗学」ないし「文学」として読まれるようになった。そのように柳田を読む態度を代表したのが、吉本隆明の『共同幻想論』（一九六八年）である。

もともと、戦後のマルクス主義者はファシズムに敗れた反省から、観念的上部構造を重視するようになった。ドイツでは、ナチズムに負けた経験から、フランクフルト学派はフロイトを導入した。戦後日本でも、〝天皇制ファシズム〟の問題を解くために、政治学や社会学が導入された。それは丸山真男に代表される。吉本隆明の『共同幻想論』は、それらの延長線上にある。彼がいう幻想領域とは、観念的上部構造のことである。吉本のような見方は、経済成長とともに、経済的下部構造の重石《おもし》から解放されたことによってもたらされたといってよい。

吉本隆明は、家族、共同体、国家におよぶ幻想領域を考察するにあたって、柳田の『遠野物語』を素材にした。六〇年代に、柳田国男が新左翼の間で有名になったのは、このためである。しかし、『遠野物語』は、吉本がなそうとした人類史的な考察の材料としてふさわしくなかった。たとえば、近親相姦の禁止をふくむ人類社会の遠い過去に関して、『遠野物語』を素材とすることはできない。遠野の民間伝承はそんな太古のものではない。柳田自身、民俗学で遡行できる過去はせいぜい一四、五世紀までだ、といっている。したがって、それにもとづいて先史的社会を考えることは、近世以後の家族体験を太古に投射することにしかならない。

『共同幻想論』のおかげで柳田国男は広く読まれるようになったが、それはまた柳田に関するそれまでの見方を強化することになった。民俗学者は一般に、柳田は初期に山人を実在として扱っていたが、以後、心的な対象として見るようになった、と考えてきた。『遠野物語』にあらわれる世界を農民や猟師らの〝共同幻想〟とみなす吉本隆明の書は、そのような見方を強化したのである。しかし、柳田にとって、山人はあくまで実在であった。『遠野物語』を書いた頃、彼は、歴史的に先住民が存在し、その末裔が今も山地にいる、と考えていた。その後も、彼は山人が実在するという説を放棄したことはない。ただ、それを積極的に主張しなくなっただけである。たとえば、事実かどうかを確証できないが、少なくとも、人々がかく信じていることは事実だ、というような言い方をするようになった。『遠野物語』の段階でも、すでにそうであった。ゆえに、そこでは、山人や妖怪は村人らの幻想であるかのように読める。しかし、柳田は実在としての山人を否定したことは一度もなかったのである。

4　非常民論

常民論への批判

六〇年代に高度経済成長とともに始まった状況は、一九七〇年代から八〇年代にかけて、一層進展した。大衆社会の現象はさらに強まった。それまで吉本隆明が依拠してきた「大衆の原像」は、もはや見いだせなくなった。吉本自身がそのような現実に対応した。つまり、それを「マス・イメージ」（マスメディアが与えるイメージ）に求めたのである（『マス・イメージ論』）。それは、彼が『遠野物語』に与えた解釈を現代化するものである。現在の社会的現実を、マスメディアの下にある大衆の紡ぐ共同幻想として見ることだから。(4)

農民＝常民をベースにした柳田民俗学＝史学は、ますます現状に合わなくなった。この時期に、注目されるようになったのは、いわば「非常民」である。柳田に対する批判の多くは、そこから来た。被差別民、先住民、女性などの、マイノリティあるいはサバルタンを擁護する観点からである。(5) このことも経済成長と関係がある。それまでマルクス主義者は経済的な階級問題を重視したため、マイノリティの問題を副次的なものとみなしてきた。

が、相対的に豊かな社会が出現し、また労働運動が資本主義的市場経済システムの一環に組み込まれてしまったとき、それまで副次的と目されてきた領域に焦点が移されたのである。

そこから見ると、柳田の一国民俗学には、マイノリティへの視点が欠けているということになる。たとえば、柳田がいう常民は、根本的に稲作農民であり、非農業民が除外され差別されていると批判される。ところが、その際、無視できない事実がある。それは柳田が、日本におけるマイノリティの問題に関して先駆的な仕事をしていたことである。彼は初期から、先住民族としての山人を論じていたし、被差別民一般を漂泊民という存在様態から歴史的に考察しようとしていた。また、先住民問題に関しては、ジュネーブの国際連盟で委任統治の委員として現実に取り組んでいた。そのような観点から見れば、柳田の仕事は高く評価されなければならないはずである。だが、逆に、そのことが柳田批判に帰結した。そのような初期の仕事を捨てることによって、常民＝稲作農民の民俗学が形成されたという批判が生じたのである。

民俗学者の中で、柳田の見方が稲作農民に偏っていることを最初に批判したのは、坪井洋文の『イモと日本人』（一九七九年）や『稲を選んだ日本人』（一九八二年）である。坪井は、新年に餅を供え食べることを拒否する〝餅なし正月〟の習俗を取り上げて、稲の文化に対抗する異質の文化体系が存在することを立証しようとした。つまり、〝餅なし正月〟という習俗が残っていることに、稲を軸とした儀礼の体系と稲以外（イモ、ソバ、アワ、マメ等）を軸とした儀礼の体系とが等価値に並列して存在していること、いいかえれば、稲作農業と焼畑農業が両方存在していることを見たのである。

坪井洋文はそれによって、柳田が作り上げた常民＝稲作農民の民俗学を批判しようとした。しかし、このような論は、柳田とは別の民俗学を立てることにはならない。なぜなら、異民族、異文化が存在していたこと、それが現在にも残っていることを探ろうとした最初の人物は、柳田国男だったからだ。たとえば、柳田は九州で焼畑農業と狩猟を行う山民を見て『後狩詞記《のちのかりことばのき》』を書き、続いて『遠野物語』を書いた。すると、坪井のような批判は、なぜ柳田は初期の考えを放棄したのか、という問いに転化することになる。それが、冒頭で述べた問題である。

網野善彦の仕事

農民をベースにした柳田の見方への批判は、民俗学の外からもきた。それは歴史家網野善彦の仕事である。網野は坪井と違って、柳田を標的としたのではない。彼は本来、石母田正に代表される講座派マルクス主義（共産党）の歴史学者であった。先に私は、吉本隆明などの戦後の思想家が概して、公式的マルクス主義に対する批判から、観念的上部構造を重視する方向に向かったと述べた。その中で、網野善彦が特異なのは、経済的下部構造をカッコにいれるのではなく、それをもっと広い観点から見ようとしたことである。それは「生産様式」以外の観点、私の言い方でいえば、「交換様式」から見ることである。

講座派の観点では、領主（武士）と農民という生産関係が主要であり、その他のことは副次的な派生物とみなされる。それに対して、網野が重視したのは、流通（交通）の領域である。それは、農業共同体の外にいた、さまざまな非農業民の活動を見出すことである。そこから、政治的・観念的上部構造をとらえなおした仕事が、「中世における天皇支配権の一考察」（一九七二年）である。

ここで網野は、中世における天皇支配権の基盤を非農業民に見た。たとえば、南北朝時代、後醍醐天皇は、非農業民や〝悪党〟と結託することによって、武家政権に対抗した。南朝の敗北の結果、武家政権が確立され、領主と農業民という生産関係が中軸であるような社会が形成されたのである。そこから見ると、講座派は、南北朝以後に成立した社会を基準にして、日本史全体を見ようとしたことになる。つまり、領主と農業民という「生産様式」が土台にあり、それが発展することによって、商工業などが発展分化したという考えになる。

しかし、網野はいう。《非農業民は、農業民から区別される、それなりに独自な集団をきわめて古くから維持しており、それなりの生活様式と世界とを展開、発展させていったものと、私は考える》（『蒙古襲来』一九七四年）。彼の考えでは、武士もまた、もともと武芸をもつ職人・芸能人の一種であった。このように、網野は交通の根源性、日本社会の多様性を強調した。それが一九七〇年代に、民俗学にも大きな影響を与えたのである。

網野善彦自身は、それを講座派的な理論への批判として考えた。それが民俗学に大きな影響を与えたのは、網野の講座派批判が、そのまま、柳田民俗学批判に適用可能であるように見えたからである。柳田の「一国民俗学」あるいは「実験の史学」は、常民＝稲作農民を中心とするものであった。その点で、講座派の見方と一致する。網野によれば、このような農民と武士の生産関係が成立したのは、せいぜい南北朝以後にすぎない。柳田は南北朝後にできあがった通念に従って考えている、ということになる。しかし、この批判は講座派についてはあてはまるが、柳田にはあてはまらない。というのも、柳田もまた、南北朝時代に、それ以前と以後を決定的に分かつ分水嶺を認めていたからだ。むろん、彼は南北朝以後にできあがった通念を疑っていた。ただ彼は、文献に拠らずして南北朝以前に「遡行」することを方法論的に考えようとした。それが「実験の史学」である。

柳田が最初から常民＝稲作農民に立脚していたのでないことは、柳田を批判する者も認めている。柳田が「漂泊民」が果たした役割を重視し、その中に武士をも入れていたことは明らかである。ゆえに、なぜ彼はそのような視点を放棄したのか、という批判が生じる。だが、そのようにいうとき、人々は自身が態度を変えてきたことを忘れている。なぜ柳田が変わったのかと問う者は、その問いを自身にもふり向けるべきである。さらに、つぎの点に注意すべきである。山人すなわち遊動的狩猟採集民と、職人・芸能人のような遊動民は、類似するとともに決定的に異なっている。二種類の遊動性の違いを見ないと、柳田の変化が理解できない。のみならず、われわれが現在置かれている状況についても理解できないのである。

最初に述べたように、戦後の日本で柳田の「一国民俗学」が当然のように受けとめられたのは、人々が「一国」的な状況の下にいたからだ。つまり、定住農民すなわち常民の在り方をしていたからである。その時点では、柳田が「一国民俗学」を唱え「常民」に的を絞った一九三〇年代が、満州帝国が作られるような時代であったことが忘れられた。つまり、「一国」性が否定され、むしろ「非常民」が称揚される時代であったことが忘れられたのである。つぎに、一九七〇年代以後、柳田民俗学の「一国」性が批判されるようになった。なぜ柳田は変わったか、と人は問う。しかし、変わったのはむしろ、そのように問う人たちではないのか。

「一国」性が疑われるようになったのは、民俗学のような領域に限られない。実際、日本人は「一国」の中に閉じこもっていられなくなったのだ。経済的にではあるが、欧米に再挑戦し、アジアに再進出しはじめたからである。日本人が外国に出るだけでなく、海外からの移住労働者が増加した。日本は「単一民族」であるなどとはいえないし、いってはならなかった。人々はもはや、ネーション、共同体、個別企業などの閉域に安住することができない。したがって、それを一斉に批判し始めたのである。

ノマドロジーと一国民俗学

このような風潮が一つの頂点に達したのが、一九八〇年代、バブルの時期であった。それはまた、「ノマドロジー」を唱えるポストモダンの現代思想が風靡した時期である。つまり、脱領域性、多様性、遊動性が唱導されたのである。この時期に、定住農民をベースにする「一国民俗学」が攻撃の的になったのは無理もない。この時期にはまた、それまで孤立していた網野善彦の史学が広く受け入れられた。しかし、それは網野自身が意図していたのとはまるで違った意味を帯びるようになったのである。

網野は定住農民に対して、「非農業民」すなわち芸能的漂泊民を評価した。そこに、天皇制国家を越える鍵を見ようとしたのである。それは、天皇を常民＝稲作農耕民の儀礼から根拠づけた柳田を批判するはずであった。しかし、このようなタイプの遊動民は、定住性とそれに伴う従属性を拒否するが、同時に、国家と直結するものでもあることに注意しなければならない。それは、遊牧民が定住農民社会を斥けながら、定住農民を支配する国家を形成するのと似ている。つまり、このタイプのノマドによっては、天皇制国家に対抗することはできないのである。さらに、このような遊動性、脱領域性によっては、資本に対抗することはできない。むしろ、それは資本に歓迎されるだろう。実際、この種のノマドロジーは、一九九〇年代には、新自由主義のイデオロギーに転化したのである。

一方、柳田国男は一九三〇年代に、定住農民（常民）に向かい、「一国民俗学」を唱えた。それは、「単一民族神話」（小熊英二）を支えるものだということになる。[6] しかし、柳田は一九一七年に述べたつぎの立場を一度も変えたことはない。《現在の我々日本国民が、数多の種族の混成だということは、実はまだ完全には立証せられたわけでもないようでありますが、私の研究はそれをすでに動かぬ通説となったものとして、すなわちこれを発足点と致します》(「山人考」)。

くりかえしていえば、柳田が「一国民俗学」を主張したのは、一九三〇年代、日本国家・資本が満州を拠点にして、いわば、脱領域性、多様性、遊動性を唱導した時期である。「東亜新秩序」を裏づける「比較民俗学」が要請された時代に、柳田はそれに背を向け一国民俗学を唱えたのである。一九三〇年代の日本の膨張主義が破綻した敗戦後には、「一国民俗学」は当然のごとく受け入れられた。だが、一九七〇年代に再び膨張主義が始まったとき、「一国」的であることが批判の標的となったのである。

柳田はこの間に、初期にもっていた姿勢を変えてはいない。すなわち、山人の存在、あるいは山人的な遊動性を一度も否定していない。彼が別のタイプの遊動性を公然と否定しえたのは、むしろそのためである。しかし、常民と一国民俗学を唱えた柳田は、遊動性一般を否定する者と見なされるようになったのである。

人は対象が移動するのを見逃すことはめったにない。しかし、対象を見る者自身も移動しているということは、しばしば見逃される。柳田を論じるとき、われわれは、柳田の歴史的変化とわれわれ自身の歴史的変化とを交差させる、トランスクリティカルな視点を必要とするのである。私は以下の章で、つぎのような問題をあらためて問う。なぜ柳田は「山人」の問題を考えたのか。そして、以後、彼はそれを放棄したのか。放棄しなかったとすれば、どうしたのか。

注

（1）一九三〇年代のマルクス主義者が転向後に柳田国男の民俗学に向かったことは、特殊日本的な現象ではない。たとえば、イタリア共産党書記長であったグラムシは、ファシズム政権に敗れて投獄されたあと、サバルタンという概念を考えた。それは、プロレタリアという概念ではおおえない、周縁的で抑圧された存在を意味する。日本のマルクス主義者はそれと同じものを柳田国男の仕事に見出したといってよい。

（2）『五勺の酒』は、中学の校長が共産党員に宛てて書いた書簡として書かれた小説である。校長はいう。《だいたい僕は天皇個人に同情を持っているのだ。原因はいろいろにある。しかし気の毒という感じが常に先立っている。……恥ずべき天皇制の頽廃から天皇を革命的に解放すること、そのことなしにどこに半封建制からの国民の革命的解放があるのだろう。そしてどうしてそれを『アカハタ』が書かぬだろうか。……天皇を鼻であしらうような人間がふえればふえるほど、天皇制が長生きするだろうことを考えてもらいたいのだ》。このように共産党を批判する校長には、ある意味で、柳田国男の見方が投影されている。だが、同時に、この校長は柳田国男がその一員である枢密院をつぎのように批判する。《そして枢密院は、みなで百三条ある憲法を二十分で片づけてしまった。あれは、どんなものでそれがあれ、あの禿あたまたちが二十分で片づけていい百三条だったろうか》。

（3）『先祖の話』に影響されて動いたのは、実は、靖国神社であった。川田順造によれば、靖国神社は、戦後の占領軍の政策の下で国家から切り離されたため、いち早く、柳田国男の考えにもとづいて、「英霊」（戦死者の霊）だけでなく、「みたま」一般を祀る神社として存続しようとした（「最初期の柳田を讃える」『現代思想』二〇一二年一〇月臨時増刊号）。

（4）九〇年代になると、吉本隆明はさらに、日本が九〇パーセントの人々が中産階級であると自認するような社会に達したことを称賛し、社会主義と資本主義を超える「超資本主義」に達したことを高らかに宣言した（『超資本主義』）。しかし、実際には、この時期、日本の資本主義経済はピークを越えて、停滞ないし衰退する方向にむかっていた。また、それ以後、「マス」（大衆）は「分衆」に分かたれ、「マス・イメージ」も成立しなくなった。

（5）柳田国男がピューリタン的で、性愛への言及を避けていたことも、非難の的となった。たとえば、赤松啓介は、『夜這いの民俗学』（一九九四年）で、兵庫県の彼の出身地と近い地域に育った柳田国男が、夜這いという風習について知らないわけはないのに、ほとんど論じていないことを、「彼の倫理観、政治思想がその実在を欲しなかったからであろう」と批判している。また、柳田は同性愛などについて論じなかったことでも批判された。

（6）　小熊英二は、柳田にとって「日本民族は、この列島の侵入者であってはならず、稲をたずさえて南島から渡来し土着した民族でなければならず、列島に先住民族がいてはならなかった」（『単一民族神話の起源』）という。一方、小熊は、柳田の日本人の単一民族論は、大陸進出や同化主義政策を補強するイデオロギーが支配的であった時期に、少数派であったといっている。柳田は単一民族説であったから、反時代的となりえたというのである。しかし、柳田国男が単一民族説をとったことは一度もない。彼はたんに「一国民俗学」を唱えたのであり、そのことが反時代的であったのだ。

第二章　山人

1　近代と近代以前

「経世済民」という理念

柳田はなぜ初期に、山人の問題を取り上げたのか。大塚英志は、柳田が『遠野物語』をはじめ、山人にまつわる怪談を書いたことを、文学者との交友、および同時代の文学に流行したスピリチュアリズムから説明している（『怪談前後』）。このような事情があったことは疑いない。しかし、これをこの時期のロマン主義的な文学の動向からだけ見ることはできない。『故郷七十年』で、柳田はつぎのように回想している。

友達にも恵まれ、順調だった私の学生生活にとって、いちばん不幸であったことは、私が高等学校から大学に入る夏、父母が相ついで死んでしまったことであった。（中略）

大学はせっかく法科へ入ったが、何をする気もなくなり、林学でもやって山に入ろうかなどとロマンチックなことを胸に描くようになった。しかし林学はそのころいちばん難しい実際科学で、大変数学の力が必要であった。私は数学の素養が十分でないので、農学をやることにした。両親も亡くなり、もう田舎に住んでもかまわないくらいの積りであった。そこへ松崎蔵之助という先生が、ヨーロッパ留学から帰り農政学（アグラール・ポリティク）ということを伝え、東京大学で講義をしておられた。新渡戸博士が東大へ来る以前の話だが、そんなことから、私も農村の問題を研究して見ようかということになり、卒業して農商務省の農政局農政課という所に入ったのである。

この回想によれば、柳田が農政学を選択したことは、文学の延長のように見える。柳田の文学仲間、田山花袋、国木田独歩らから見れば、彼が山人のことを書いたのは、農政官僚の傍ら、ロマン主義的な夢想を満たすためであった(1)。そもそも、彼らは、詩人松岡国男が農商務省の官僚になったり、柳田家に養子に入ったりすることが理解できなかった。柳田もそれについて語らなかった。

しかし、同じ本の中で、彼は農商務省に就職し、その後、民俗学を志したきっかけをつぎのように述べている。《饑饉といえば、私自身もその惨事にあった経験がある。その経験が、私を民俗学の研究に導いた一つの理由ともいえるのであって、饑饉を絶滅しなければならないという気持が、私をこの学問にかり立て、かつ農商務省に入る動機にもなったのであった》。

柳田自身が見聞した飢饉は、一八八五年（明治一八年）に起こった。後年、一三歳の柳田は、『荒政要覧』などを読んで考えた。《子供ごころに、こうした悲惨事が度々来るのではたまらないと思ったのが学校を出るまで「三倉」――義倉・社倉・常平倉《じょうへいそう》――の研究をやった動機である》（同前）。ここから見ると、柳田が農政学に向かったことが偶発事でないこと、さらに、そこから「民俗学の研究」に導かれたということは明らかである。その根底に、飢饉の民を救う「経世済民」という儒教的理念がある。

平田篤胤派の神官だった実父

柳田はこのような生い立ちを友人らに話さなかったようである。もう一つ、柳田が文学関係の友人らに詳しく話さなかったことがある。父親のことである。一九一八年（大正七年）、彼は神官らの会合で講演し、つぎのように述べた。

私は実は実父が中年から改宗した神官でありまして、いわゆる古学の最も追随者でありましたから、幼年の時分からいわゆるトックニブリ（外国風）とノチノヨブリ（後世風）との必ず改むべきものであることを十二分に聞かされた者でありますが、近頃になって次第に心付いてみまするると、外国風の感化が日本を席巻したことはなるほど事実でありますが、これはむしろ『延喜式』よりもはるか以前、あるいは『書紀』の編纂よりもさらに前の時代をもって絶頂と見なければならぬかも知れませぬ。（「神道私見」）

柳田国男の実父（松岡約斎）は平田篤胤《あつたね》派の神官であった。神官の家に生まれたのではなく、中年をすぎて神官になった。柳田がいうように、「敬虔なる貧しい神道学者」であったことは疑いない。したがって、柳田が「幽冥界」の交流に関心を抱いたのは、「父母が相ついで死んでしまった」からではない。子供の頃から関心が深かったのである。平田国学を身近に学んだ者なら、これは当然のことである。そして、それは「経世済民」という儒教的理念と対立するものではない。

柳田が一三歳で、明の兪汝為が書いた『荒政要覧』を読んだということも、このような環境があったからだろう。一二歳のときには、別の重要な出来事があった。この年、彼は父から離れ、茨城県で医院を開いていた兄と同居するようになった。すなわち、神官のもとから離れて、いわば、トックニブリ（外国風）とノチノヨブリ（後世風）の世界に入ったのである。

大塚英志は、柳田国男が『遠野物語』を書いた背景に、「怪談」が流行した時代があったことを指摘し、それを示すものとして、柳田が田山花袋とともに編集した『近世奇談全集』の序言を引用している。

霊といひ魂といひ神といふ、皆これ神秘を奉ずる者の主体にして、わが小自然の上にかの大宇宙を視、わが現世相の上にかの未来相を現ずるもの丶謂なり。現実に執し、科学に執するものは、徒《いたずら》に花の蕋《しべ》を数ふるを知りて、その神に冥合する所以を知らず、星の所在を究むるを知りて、その人の身に関するところあるを知らず。況んや人の生の秘《ひ》篇《やく》をひらきて、かの真理の髣髴に接するに於てをや。（中略）

されどこの平凡なる人の世に、猶その反響なきところに反響をもとめ、寂寞極れるところに意味を求むるもの無しとせんや。聞く、二十世紀の今日に当りて、泰西またモダン、ミスチシズムの大幟を掲げて、大にその無声の声、無調の調を聞かんとするものありと。吾人極東の一孤客といへども、曾て寂寞の郷に成長し、霊魂の高きに憧れ、運命の深きに感じたるの身、いかでかその驥尾に付して、わが心池をして、鏡の如く明かならしむるを願はざらんや。近世奇談全集一巻、これ吾人が其素志を致せしもの、敢て神秘の深奥に触れしもの多しといふにあらざれど、亦わが国近世に於ける他界の思潮を尽したるものなるを信じて疑はず。

明治卅六年二月　　　　　　編者識

（田山花袋、柳田國男編『近世奇談全集』）

共同で書かれたこの序文は、田山にとっては同時代の怪談につながるものであったろうが、柳田にとってはそうではなかった。「霊」「魂」「神」などは、神道から見れば、ごくありふれたものである。たとえば、平田篤胤は「天狗小僧」と呼ばれたサイキックの少年を養子として面倒を見、その聞き書きを『仙境異聞』にまとめ、その他、数多くの「奇談」を出版した。柳田のように一三歳で『荒政要覧』を読むような子供なら、当然このような「奇談」にも精通していただろう。したがって、柳田が〝聞き書き〟にもとづいて

『後狩詞記』や『遠野物語』を書いた背景には、「怪談の時代」よりもむしろ彼自身の少年期があったといえる。

この意味で、柳田国男は怪談が流行する前から、怪談について真剣に考えていた。たとえば、妖怪に関しては、井上円了の「妖怪学」が早くから知られていた。井上は哲学者であり、啓蒙主義的な観点から、妖怪が幻想であることを示そうとし、日本各地の妖怪現象を徹底的に調査した。そのため、逆に、妖怪の人気を高めることになった。「怪談の時代」はロマン主義（反啓蒙主義）的な思潮が強い時代であり、皮肉なことに井上円了の妖怪学はその中で脚光を浴びたのである。一方、柳田国男は井上円了の啓蒙主義に否定的であった。(2) しかし、それは柳田がロマン主義的であったからではない。彼は妖怪が表象として感受されるとしても、それは何らかの実在であると考えていたのである。

ただ、柳田はそのようなことを語らなかった。むしろ、近年の「泰西」の「モダン、ミスチシズム」の動向に応じているかのように書いたのである。むろん、彼はそのような面でも、田山花袋より通じていた。したがって、田山をはじめ、国木田独歩や島崎藤村らの文学仲間は、彼らのなかでも際立って西洋の文学・思想に通じていた柳田国男に、「モダン」なものの具現を見たのである。そのため、柳田がいかに「古い」世界から来たかに気づかなかった(3)。だから、たとえば、恋愛詩にふさわしい貴公子と目された松岡国男が、柳田家の養子に入ったことに驚いたのである。

神道と民俗学

柳田国男は明治近代文学の先端を行く「抒情詩」を書いたが、それもまた「古い」世界に根ざしていた。彼は一五歳で東京に移住し、大学の助手をしていた兄井上通泰の世話で桂園派の歌人、松浦辰男に入門した。田山花袋とはその中で知り合ったのである。

私は文学界に新体詩を出したことがある。藤村の勧めがあったのかも知れない。しかし、連中の詩は西洋の系統から来て居るので、胸の中の燃えるようなものをそのまま出すのが詩というものだと考えていた。私の方は初めに和歌の題詠で稽古しているのだから、全く調子が違う。それが日本の短歌の特長でこれこれの詠題で、例えば深窓の令嬢にでも、「恨む恋」などという題を与えて歌をよませたものだ。出されたお嬢さんの方は困るが、それでも「和歌八重垣」とか「言葉の八千草」とか色々の本ができているので、その中から適当な部分を探し出して、歌を組立てるわけである。通例、使われる言葉が三十か五十か並んでるから、それを組合せて歌をデッチ上げるわけであった。これが昔の題詠というもので、それを盛んにやって達者になっておき、他人から歌を云いかけられたときなど、直ぐに返歌が出来るようになっていなければならないという所に重きがおいてあったわけである。

いわばお座成り文学という気持があった。私ら後には、題詠でうんと練習しておかなければ、いざ詠みたいという時にも出ないから、そのために題詠をやるんだナンテ云ったりしたが、まあ、藤村あたりの叙情詩とは大分距たりがあったのは事実である。

（「故郷七十年拾遺」）

柳田の詩は、そのような題詠のたんなる延長では決してなかった。だから、柳田の友人たちも、彼がロマン派の抒情詩人であることを疑わなかった。事実、柳田は新しい詩人グループの先導者であり知恵袋であった。しかし、彼自身は「古い」世界を引きずっていた。というより、「新しい」世界の先端に立つ一方で、自分がやっていることは、父の言葉でいえば、トックニブリ（外国風）とノチノヨブリ（後世風）にすぎないのではないか、とたえず感じていたのである。

むろん、柳田は古い世界に従属していたのではない。たとえば、先に引用した神官に向けての講演で、柳田は平田派神道を痛烈に批判した。《古書その他外部の材料を取って現実の民間信仰を軽んじた点、村々における神に対する現実の思想を十分に代表しなかったという点においては、他の多くの神道と古今その弊を一にしているのであります》（「神道私見」）。《要するに神道の学者というものは、不自然な新説を吐いて一世を煙に巻いた者であります。決して日本の神社の信仰を代表しようとしたものではありませぬ》（同前）。さらに、柳田は、「村々における神に対する現実の思想を十分に代表」することによって、いいかえれば、「固有信仰」を明らかにすることによって、「真の神道」を見出す必要がある、そのためには、民俗学が不可欠だ、と説いたのである。

先に述べたように、柳田国男は一二歳で郷里の父から離れた。そのままそこにいたら、父と衝突し神道を斥けたかもしれない。しかし、柳田は父から自由であったために、逆に、神道にこだわることになった。たとえば、『神道と民俗学』の序文（一九四二年）にこう記した。《私は常に自分の故郷の氏神鈴ヶ森の明神と、山下に年を送った敬虔なる貧しい神道学者、すなわち亡き父松岡約斎翁とを念頭に置きつつ、注意深き筆を執ったつもりである》。「父母が相ついで死んでしまった」あと、柳田は大学で農政学を専攻し官僚となった。

このようなコースの選択は、そのつど文学仲間を驚かせたが、柳田にとって、それはむしろ当然の選択であった。

2　農政学

柳田の協同組合論

柳田国男は官僚としての仕事に挫折して民俗学に向かった、そして、それは文学の代補あるいは延長であった、と考えられている。しかし、それについて述べる前に、明治時代の官僚制について一言いっておきたいことがある。柳田は一九〇〇年（明治三三年）、二四歳で東京帝国大学を卒業して農商務省に入ったが、同時に、早稲田大学で「農政学」の講義を始めた。これは、官僚が大学で講義をしたというようなものではない。むしろ、農政学者が官僚になったというような感じである。当時は、学界にも官界にも、柳田の水準をこえる農政学者はいなかった。したがって、柳田は官界で、意見は受け入れられなかったが、排除されることはなかったのである。

柳田が農商務省にいたのは二年間にすぎない。彼が提案した政策は、その時点で拒否されたし、その後も拒否されている。が、彼は法制局に移って、農政学をあきらめたわけではない。むしろそれに専念したのである。法制局は暇な部署であったから、彼はたっぷり本を読み、旅行し、大学で講義することもできた。柳田は孤立してはいたが、嫌がらせを受けたわけではない。明治時代の後期まで、日本の官僚制はそのようなものであった、といえる。

明治国家の政策は根本的に、富国強兵である。柳田が在学中および農商務省に入省したのちにも支配的であったのは、東京帝国大学教授、横井時敬《ときよし》（一八六〇―一九二七）が説く「農業国本説」であった。横井の考えは、「商工」は富国にとって必要であるが、「農」は強兵のために不可欠だということである。また、農業は商工業との競争には耐えられないから、行政による保護が必要である。ゆえに、横井は小農の保護政策を唱えた。しかし、このような〝農本主義〟はけっして農民を重視するものではない。

明治国家が重視したのは「商工」の発展であり、それに対して「奨励保護」を与えたことはいうまでもない。後進国では、産業資本主義の発展のために、まず、資本が要るが、それは、さまざまな意味で、農民からの収奪をとおしてのみ可能である。先ず、土地（生産手段）を失った農民が、賃金労働者となり、同時に、消費者となる。そのような過程を、マルクスは「原始的蓄積」と呼んだ。

さらに、農村は、失業した労働者を一時的に受け入れる溜池でもある。また、国家の兵士を提供する母体でもある。その意味で、農業・農村は、産業資本主義国家にとって不可欠であった。農村の荒廃は、資本にとっても国家にとっても危機である。横井がいう「農業国本説」とは、そのような意味である。国家による農業の保護といっても、補助金を出すだけで、農村の自立的な改革や発展を目指すものではなかった。あくまで富国強兵の一環である。横井は小農保護を唱えたが、現実には、それは大農（不在地主）を容認することである。それはまた、小作料の物納制度を容認することであった。

それに対して、柳田の農業政策は、小作料の物納に反対であっただけでなく、国家による農業保護そのものに反対であった。彼の農業政策は、農家が国家に依存せず、「協同自助」を図ることである。具体的にいえば、協同組合である。明治国家も協同組合を促進しようとした。しかし、それは農業生産力を上げるという観点からのみ考えられていた。

本来、協同組合は産業資本主義に対抗する「協同自助」的な運動であり、一九世紀の半ばに、イギリスでロバート・オーウェンなどによって推進され、他の地域にも広がった。だが、ドイツでは、それは国家主導で組織されるものとなり、それが「産業組合法」として日本に導入されたのである。それに対して、柳田の考えはイギリスの協同組合論に立ち帰るものである。また、晩年に社会主義を唱えた自由主義者、J・S・ミルの考えに近いといえる。(4)

ただ、重要なのは、柳田がそれをたんに輸入するのではなく、同様の試みを日本や中国の近代以前の社会に見ようとしたことである。彼は大学卒業論文で、「三倉沿革」という題で、「三倉」、すなわち、義倉、社倉、常平倉の歴史と機能について論じた。これらは、元来中国で、飢饉に備えた救恤《きゆうじゆつ》策として生まれた方策である。常平倉は飢饉の際に、国家が買い上げて、穀物の価格を一定に保つようにするやり方である。義倉は、国家が飢饉に備えて貯穀するものであり、社倉は、それを公共団体が行うものである。この中で柳田が重視したのは、社倉である。社倉は、義倉や常平倉のように国家あるいは地方行政にもとづくものではなく、自治的な相互扶助システムである。それは、協同組合・信用組合の原型である。(5)

柳田はつぎのようにいう。《あるいは諸君には維新前には全然信用組合的の機関を欠いて、よく小市街や村落にあれだけまでの経済を発達させて行ったものだというお考えがあるかも知れませぬが、それに代るべき制度としては、保護と服従との聯絡は不完全ながらも必要を充たすだけの程度には付いていたのであります。現在の組合に代るべき制度というものはとにかく昔にも存在しておったのであります》（『時代ト農政』）。このように、柳田の農政学は舶来の制度や理論を説くことではなく、むしろ、従来あった労働組織（ユイ）や金融組織（頼母子講《たのもしこう》）に、新たな意義を与えることであった。その意味で、彼の農政学は最初から、史学的・民俗学的であった。同時に、柳田の民俗学は農政学的であったともいえる。というのは、それは根本的に大勢の人たちの協同作業（ユイ）に基づいていたからだ。それは近代文学のように個人的な作品ではありえない。

飢饉の記憶

先に述べたように、柳田が農政学を研究し農商務省に入った動機は、飢饉を絶滅したいということである。柳田が早くから「社倉」について考えたのも、そのためであった。飢饉の記憶は柳田の脳裏を離れなかった。たとえば、彼は法制局で特赦選考のために調査していたとき、次のような事件を知って深い感銘を受けた、という。

かつて非常な飢饉の年に、西美濃の山の中で炭を焼く男が、子供二人を、まさかりで切り殺したことがあった。子供は一二、三歳になる男の子と女の子であった。男は里に行っても、炭が売れず一合の米も手に入らない。最後の日にも手ぶらで帰ってきて、飢えきっている子供の顔を見るのがつらくて、小屋の奥へ行って昼寝をしてしまった。

眼がさめてみると、小屋の口いっぱいに夕日がさしていた。秋の末の事であったという。二人の子供がその日当りの処にしゃがんで、（中略）一生懸命に仕事に使う大きな斧《おの》を磨いていた。阿爺《おとう》、これでわしたちを殺してくれといったそうである。そうして入口の材木を枕にして、二人ながら仰向けに寝たそうである。それを見るとくらくらとして、前後の考えもなく二人の首を打ち落してしまった。それで自分は死ぬことができなくて、やがて捕えられて牢に入れられた。

（「山に埋もれたる人生ある事」）

これは飢饉によって起こった事件である。しかし、このような事件が起こるのは、飢えた者らが絶望的に孤立しているからだ。柳田の前にはいつも「貧しい農村」という現実があり、それを解決することが彼の終生の課題であった。が、彼にとって、「貧しさ」はたんに物質的なものではなかった。農村の貧しさは、むしろ、人と人の関係の貧しさにある。柳田はそれを「孤立貧」と呼んでいる。では、どうすればよいのか。柳田が協同組合について考えたのは、そのためである。《共同団結に拠る以外に、人の孤立貧には光明を得ることはできないのであった》(『明治大正史世相篇』)。

むろん、産業組合は柳田が入省する以前から国家によって進められていた。しかし、それは、もともと農村にあった「共同団結の自治力を、薄弱にしてしま」うものであった。柳田はいう。《二十何億万円の巨額なる資金と、二万の組合と三百万の組合員数とは、実に現代の一大偉観であるが過去三十年間において数字の上ではかくのごとく成功し、かつまた多忙に仕事もやって来たにもかかわらず、なお効果は予期せられしものの全部に及んでいない。すなわち救われねばならぬ人々の自治の結合が成就してこそ、目的は達せられるのであるのに、その点の顧みられなかった結果は、かえって比較的貧苦の危険の少ない者から、まず国家の保護を受けることになり、彼等は従順に行政庁の指導に服する代償として、機関を利用してこの通り勢力を外に張ることを得たのであった》(同前)。

一方、柳田が提唱したのは、農村における「協同自助」である。柳田にとって、産業組合は「救われねばならぬ人々の自治の結合」である。しばしば柳田は「中農養成策」を説いたので、小農を無視したとされる。しかし、これは本来横井時敬の「小農保護策」に対抗して立てられた論である。《農業組合なるものは小農を存続せしめてこれに大農と同じ利益を得せしむる方法であるのであります。一言にして申せば大農の欠点を除いて大農の利益を収め、小農の欠点を除いて小農の利益を収める折衷策と見做されているのです》（『時代ト農政』）。

つまり、柳田のいう中農養成とは、小農の「相互主義」的連合を形成することにほかならない。彼は、そのために、農業生産者がもっと土地を得られるような「購買生産組合」を設立することを提案している。さらに、協同組合は、「共同耕作組合」や「開墾組合」、商業や金融をふくむものであった。ここで注目すべきことは、柳田が農村と農業を区別したことである。明治国家は農業を援助し増産をはかった。しかし、農業が発展しても、農村は衰退する。

農業を保護してそれで農村が栄えるものならば、現代の保護はかなり完備している。米籾《こめもみ》の輸入には関税をかけ、それでも安くなる懸念があれば、国で買い上げても市価を維持する途がある。その他金融の便宜、倉庫の設備、それよりもさらに有効なる直接の奨励補助のごとき、ほとんど（ど）手段の尽し得る限りを試みんとしている。これまでの世話焼きは前代にも例なく、またおそらくは外国にも類がない。世間では農業が衰微するからこうして救うのだと考えているらしいが、それは事実に反するのみならず、また救わるべきものが救われてはいないのである。つまりこの方法ばかりでは農村衰退の問題が解決し得ぬことを、ようやくこのごろになって我々が経験したのである。

（「都市と農村」）

このような事態は現在まで続いている。ここからふりかえると、柳田が農村と農業を区別したことは、極めて重要な認識であった。

近代以前の農村には、さまざまな農業、加工業、軽工業があった。が、明治以後の農業政策は、農村に存在した手工業・加工業をすべて都市に移し、農村をたんに原料のみを生産する場とするものであった。ゆえに、農業生産力は増大したが、農村は衰退した。いいかえれば、農村は貧しくはなくても、〝寂しい〟ものとなった。

柳田は協同組合を農業ではなく、農村、すなわち人々のさまざまなネットワークから考えようとした。したがって、それは、農業、牧畜、漁業のみならず、加工業、さらに流通や金融を包摂するものである。柳田の協同組合は、究極的に、農村と都市、農業と工業の分割を揚棄することを目指すものである。

宇沢弘文の経済学

柳田の農政学は、歴史的に評価されることがあるとはいえ、今日では忘却されている。通常、柳田農政学を継承する者として、その門下にいた東畑精一が参照される。しかし、私のみるかぎり、柳田の農政学を回復しているのは、柳田と無縁で、おそらく柳田について無知な経済学者、宇沢弘文である。宇沢はいわゆる近代経済学者であったが、新古典派およびケインズ主義の批判から、「社会的共通資本」（共有財）という考えに到達した。たとえば、水田はたんなる生産手段ではない。それは、蒸発―降雨という水循環をもたらし、周囲の環境を形成する社会的共有財であって、私有財産に還元されえない。同様に、農村は、個々の農家あるいは農業に還元されない。それらを足し合わせた以上の社会的共有財（コモンズ）としてある。

宇沢の考えでは、これまでの日本の農政は、個々の農家を経営単位として、その経営的規模を大きくし、労働生産性を高めることによって、工業部門と比較して劣らないものとし、他の国々の農業とも競争しうる効率的なものにするということに焦点がおかれてきた。しかし、《独立した生産、経営単位としてとられるべきものは、一戸一戸の農家ではなく、一つ一つのコモンズとしての農村でなければならない》(『社会的共通資本』)。

コモンズとしての農村は、林業、水産業、牧畜などを含む生産だけではなく、それらの加工、販売、研究開発を統合的に、計画的に実行する一つの社会的組織である。それは、数十戸ないし百戸前後からなる。宇沢が提唱することは、柳田がかつて提唱したことと同じである。さらに、宇沢弘文は、三里塚の農民運動にコミットして「三里塚農社」を設立した。つぎの言葉は、柳田国男を想起させずにいない。

「社」という言葉はおそらく、コモンズの訳語として最適なものではないだろうか。というよりは、コモンズよりもっと適切に、私がここで主張したいことを表現する言葉であるといった方がよいかもしれない。社という言葉はもともと土をたがやすという意味をもっていた。それが、耕作の神、さらには土地の神を意味し、さらに、それをまつった建築物を指すようになった。社は、村の中心となり、村人たちは、社に集まって相談し、重要なことを決めるようになっていった。そして、社は、人々の集まり、組織集団を指すようになったといわれている。

元代の終わり頃には、社は、行政のもっとも小さな単位であった。「農家五十戸をも

って社となす」と、当時の文献にのこっている。(中略)社はまさに、コモンズそのものであったといってもよい。(同前)

3　焼畑狩猟民の社会

椎葉村の「協同自助」

柳田国男が農政学者・官僚として調査旅行をする中で、衝撃を受けた事件がある。それは一九〇八年五月からの九州四国旅行で椎葉村という、焼畑と(猪)狩猟で生活している山村を見たときである。彼が「山人」について書き始めたのは、それ以後である。

柳田は先ず、椎葉村について、村長から得た資料を使って『後狩詞記』を書いた。次に、友人の佐々木喜善《きぜん》からの聞き書きをもとにして、『遠野物語』を書いた。これらの仕事は、柳田「民俗学」の発端であると見なされている。が、柳田自身はこれらを民俗学とは考えていない。しかも、後述するように、彼はそれ以後も、狭義の民俗学を目指したことはなかった。彼が考えていたのは、協同組合あるいは「協同自助」の問題である。

彼が「山人」に関心を抱くようになったのは、天狗のような怪異譚のためではない。彼が椎葉村で衝撃を受けたからだ。そのことは『後狩詞記』よりも、「九州南部地方の民風」という論考に示されている。彼はこの論文に、「社会主義の理想の実行さるる椎葉村」という小見出しを付した。

……此山村には、富の均分といふが如き社会主義の理想が実行せられたのであります。『ユートピヤ』の実現で、一の奇蹟であります。併し実際住民は必しも高き理想に促されて之を実施したのではありませぬ。全く彼等の土地に対する思想が、平地に於ける我々の思想と異って居るため、何等の面倒もなく、斯《かか》る分割方法が行わるるのでありま す。

（「九州南部地方の民風」）

そこに理想的な「協同自助」の実践がある。それは「『ユートピヤ』の実現」であった。彼らにおいて「富の均分というが如き社会主義の理想」が実現されていた。柳田が驚いたのは、むろん、怪異なものではなかった。柳田の農政理論が目指していたものが、そこにあったからだ。つまり、この山地の社会に、平地の農村にない「社会主義」を見出したからである。彼にとって、それは「奇蹟」であった。並松信久はつぎのように述べている。

柳田は、椎葉村が稲作ではなく、焼畑や狩猟によって暮らしている山村であるということを発見し、その生活形態に関心をもっている。柳田が椎葉村に関心をもった背景には、稲作に依存しない山村ということもあった。柳田はそこに住む人々を「山人」とよび、平野部に住む人々と異なることを強調する。とくに著書『後狩詞記』は、主に猪猟の狩詞を紹介した書籍という体裁をとっているが、柳田にとって、その猪狩の形態は自身の産業組合論とのつながりを暗示させた。猪狩を行なう場合は、老練者の指揮のもとで各自が自分の役割を分担して遂行されている。柳田によれば、猪狩は協同と自助の精神を前提として成り立っている狩猟であった。柳田は椎葉村の猪狩について、産業組合の精神を重ね合わせて観察している。

（「柳田国男の農政学の展開」）

柳田が椎葉村に見たのは、妖怪のようなものではなかった。また、たんに前代の生産形態でもなかった。彼がそこに見出したのは、平地とは異なる「土地に対する思想」、つまり、共同所有の観念である。さらに重要なのは、生産における「協同自助」である。それらは、彼らが焼畑と狩猟に従事するということ、つまり遊動的生活から来るものである。

山人の思想

柳田が山人について書き始めたのは、このあとである。厳密にいうと、柳田が椎葉村で見た人々は、「山民」であって「山人」ではない。柳田もそれらを区別していた。彼は山人を、先住異民族の末裔だと考えた。天狗その他、怪奇なイメージで語られるのは、山人である。『山の人生』では、サンカやマタギについて述べられているが、彼らも山人ではなく、山民である。

同様に、椎葉村の人たちも山人ではなく、山民である。さらに、柳田はこの地に、「異人種」である山人が先住し、その後に山民がやってきたと見ている。

日本《にっぽん》では、古代に於ても、中世に於ても、武士《さむらい》は山地に住んで平地を制御したのであります。古代には九州の山中に頗る獰悪《ねいあく》の人種が住んで居りました。歴史を見ると肥前の基肆《きし》郡、豊後の大野郡、肥後の菊池郡というような地方に、山地を囲んで所々に城がありまするのは、皆此山地の蛮民に対して備えたる隘勇線《あいゆうせん》であります。蛮民大敗北の後《のち》移住して来た豪族も、亦概ね山中に住んで居りました。後年武士が平地に下り住むようになってからは、山地に残れる人民は、次第に其勢力を失い、平地人の圧迫を感ぜずには居られなかったのであります。言わば米食人種、水田人種が、粟食人種《ぞくしょく》、焼畑人種を馬鹿にする形でありまます。此点に付ては深く弱者たる山民に同情を表します。

（「九州南部地方の民風」）

先住民は追われて山人となった。その後に山地に移住してきた人々がいる。彼らは山民である。彼らは狩猟採集をするとはいえ、すでに農業技術をもっていた。柳田の考えでは、彼らはいわば、武士＝農民であった。彼らは平地に水田稲作とそれを統治する国家ができたあとに、それから逃れた者であり、平地世界と対抗すると同時に交易していた。東国や西国の武士も起源においてこのような山民であったといえる。その中で、武士が平地ないし中央に去ったあとに残ったのが、現在の山民である。(6)

したがって、山民は平地人と対立しながらも、相互に依存する関係にある。一方、純粋に狩猟採集民であった山人は、このような山民とは異なるはずである。しかし、実際に、山人を見出すことはできない。ただ、山民のあり方からそれを窺い知ることができるだけである。柳田が山人について取り組みはじめたのは、椎葉村の山民に会って以後である。

もし椎葉村でこのような山民に会っていなかったなら、山人について書くことはなかっただろう。書いたとしても、それは「天狗の話」のような怪異譚を出ることはなかっただろう。

椎葉村で柳田が驚いたのは、「彼等の土地に対する思想が、平地に於ける我々の思想と異って居る」ことである。柳田にとって貴重だったのは、彼らの中に残っている「思想」である。山民における共同所有の観念は、遊動的生活から来たものだ。彼らは異民族であると見なされない。ゆえに、山人ではなく、山民である。しかし、「思想」において、山民は山人と同じである。柳田はその思想を「社会主義」と呼んだ。柳田のいう社会主義は、人々の自治と相互扶助、つまり、「協同自助」にもとづく。それは根本的に遊動性と切り離せないのである。山民が現存するのに対して、山人は見つからない。しかし、山人の「思想」は確実に存在する。山人は幻想ではない。それは「思想」として存在するのだ。

『遠野物語』の「序」で、柳田はいう。《国内の山村にして遠野よりさらに物深き所にはまた無数の山神山人の伝説あるべし。願わくは之を語りて平地人を戦慄《せんりつ》せしめよ》。柳田がこう書いたのは、椎葉村で「協同自助」の実践を見て衝撃を受けたからだ、と松崎憲三は書いている(「二つのモノの狭間で」『現代思想』二〇一二年一〇月臨時増刊号)。すなわち、柳田が伝えて平地人を「戦慄」させようとしたのは、怪異譚ではなく、山村に目撃した、別の社会、別の生き方なのだ。平地人にとってはありえないことが、現にあった。怪異というべきは、このことではないか。[7]

注

（1）次のような詩は、柳田が「林学でもやって山に入ろうか」と考えた時期に書かれている。しかし、柳田にとって「かのたそがれの国」はたんなる比喩ではなかった。

かのたそがれの国にこそ
こひしき皆はゐますなれ
うしと此世を見るならば
我をいざなへゆふづゝ

やつれはてたる孤児を
あはれむ母が言の葉を

しづけき空より通ひ来て
われにつたへよ夕かぜ
(『文學界』明治三〇年二月)

(2) 柳田国男が井上円了を批判したとき、井上を十分に理解していたとはいえない。井上は、浄土真宗派の宗教改革者であった。彼は仏教的認識を、哲学として、さらに、それを大衆向けに、妖怪学として語ろうとしたのである(菊地章太『妖怪学の祖 井上圓了』)。井上のいう妖怪にはいくつかの種類がある。いわゆる妖怪は仮象であり、自然科学によって真相を解明できる。しかし、そのような仮象が除かれたあとに、人は真の妖怪(真怪)に出会う。それは、この自然世界そのもの、カントでいえば物自体である。だが、井上のこのような面は、ほとんど知られていなかった。柳田国男が井上円了を批判したのもそのためである。しかし、「妖怪」問題を介して、柳田が井上に反応したのは、偶然ではない。柳田もある意味で、神道系の宗教改革者であり、妖怪を実在(物自体)として見ていたからだ。ちなみに、カントが現象と物自体の区別を考えるようになったのは、霊能者スウェーデンボルグの問題(「視霊者の夢」)に悩んだあとである。

(3) ただし、島崎藤村は柳田国男に似た面がある。藤村は、父親(島崎正樹)が平田派の国学者であり、また、一〇歳で父の元を離れ東京に遊学した。藤村の父は木曽谷の農民の山林解放運動をリードしたが、戸長を罷免された上に幽閉され、一八八六年に牢死した。しかし、柳田が批判的であれさまざまな点で父を受け継いだのに対して、藤村はキリスト教徒になり、また、父のように農村問題に取り組むことはなかった。藤村は父をモデルにして『夜明け前』を書いたが、それは昭和時代に入ってからである。

（4）今日、新自由主義者はスマイルズの『自助論』をこぞって推薦する。自己責任・自己救済を唱えた書として、である。しかし、宮崎学はそれを批判していう。スマイルズは労働運動や協同組合運動の支持者であった。つまり、彼にとって、「自助」の精神は相互扶助と切り離せないものである（宮崎学『「自己啓発病」社会』）。自由主義の哲学者として知られるJ・S・ミルが晩年に社会主義を唱えたのも、同じ理由からである。なお、『自助論』は、明治時代に『西国立志編』という題で中村正直により翻訳されてベストセラーとなった。柳田国男が「協同自助」を考えたのも、このような文脈においてである。

（5）柳田によれば、社倉を理論化し実行したのが南宋の朱子である。朱子に関するこのような見方は、日本の江戸思想史には見当たらない。徳川幕府公認のイデオロギーである朱子学では、朱子は観念的な道義や正統性を説く哲学者だと見なされている。しかし、朱子はきわめて実践的であり具体的であった。また、国家による政策ではなく、民間の自治を説いた。朱子の思想は、科挙制度が全面的に実現された南宋の社会から生まれた。それは、どんな階級の出身でも試験に通れば支配層に入れるという制度を背景にしている。また、この制度は、宋代における南方開拓とともに植民した農民が土地所有権を得るようになった経済的変化にもとづいている。そこから生まれた「士大夫」階級から、自由思想家が輩出し、その一人が朱子であった。しかし、そのような社会は南宋以前にはなく、南宋の滅亡後にも二度となかった。朱子学は明代で隆盛を極めるようになったが、科挙の必須科目となって固定化・形骸化してしまった。宋代にあったような実践的な性格が失われたのである。

（6）柳田がいう「山民」は、東南アジア大陸部や中国南部ではまだ多数存在している。「ゾミア」と呼ばれるこの領域の山地民を考察したジェームズ・スコットは、彼らを原始的な段階にある山岳民族と見る見方を否定した（『ゾミア』）。山地民は、平地の国家を拒否し逃れた人々である。ゆえに、彼らが平地に向かうこともありえた。平地の国家は、つねに山地民世界との相互関係において存在してきたのである。このことは、日本の武家政権の歴史を見る場合にも参考になる。古代国家は、いわば山地民であった東国・西国の武士＝農民をついに征服することができず、逆に、後者によって制圧されたのである。

（7）『遠野物語』「序」における柳田の唐突で激越な文句は、『共産党宣言』でマルクスが書いた言葉を想起させる。《一つの妖怪がヨーロッパをさまよっている――共産主義の妖怪が。旧ヨーロッパのあらゆる権力が、この妖怪を退治するために神聖な同盟を結んでいる》。実際、柳田はそれを意識していた可能性がある。日本で幸徳秋水らによる翻訳が出たのが一九〇四年であり、『遠野物語』が刊行されたのは大逆事件の年（一九一〇年）である。これらがたんなる符合であるとしても、少なくとも、柳田が「山人」と社会主義を結びつけていたことは、椎葉村について書いたものから見て明瞭である。柳田は、妖怪についての考えを、ハイネの『流刑の神々』から学んだといっている。つまり、ヨーロッパでは、キリスト教が入ってきたために追われた従来の神々が妖怪になったという。だが、ハイネについてよく知っていた柳田は、ハイネとマルクスの関係についても知っていたはずである。ちなみに、マルクス（一八一八―一八八三）はハイネ（一七九七―一八五六）と一八四三年から二年ほど、亡命先のパリで親しくつきあった。ハイネが『流刑の神々』（一八五三年刊）を構想したのは、この時期である。その後、一八四八年にマルクスはエンゲルスとともに『共産党宣言』を刊行した。

第三章　実験の史学

1　供養としての民俗学

民俗学と民族学

柳田国男にとって、農政学は協同組合に集約される。とすれば、彼が〝山人〟に注目したのは、農政学を離れることではなかった。民俗学と見える彼の著作は、平地人、つまり、稲作農民に、かつてありえたものを想起させ、それが不可能ではないと悟らせるために書かれた。彼が〝山人〟に見出したのは、「協同自助」をもたらす基礎的条件としての遊動性であった（付論参照）。

今や狩猟採集民は平地には存在できない。彼らはかつて平地にいたが、追われて山に逃げたのである。そして、彼らを追いつめた平地の農耕民からは、不気味な〝山人〟と見なされている。このような事態は日本に限定されるものでないことを、柳田は承知していた。

柳田は、先住異民族としての山人を、アイヌや台湾の先住民から考えたといわれる。それはまちがいではない。しかし、そのことで、彼の民俗学が植民地主義や帝国主義と結びついているというのは、批判にはならない。そもそも、そうでないような民俗学は存在しないのだ。

柳田は「日本の学界にはミンゾクガクというものが現在は二つある」(「実験の史学」)という。民俗学(フォークロア)と民族学(エスノロジー)が、日本語では同音になるために紛らわしい。《どこの国でも民俗学はナショナルで、主に自分の同胞の文化を討究し、稀に代ってある一つの未開種族の過去の生活を尋ねてやる。これに反して、自分の国だけのエスノロジイというものは、まだ今日までは唱えた人がないのである》(同前、傍点原文)。この二つは、西洋では厳然と区別されている。

しかし、日本でそれらが混同されているのは、言葉のせいではない。日本の研究者、というより、柳田自身がエスノロジーの観点から「同胞」を見たのである。《今からさらに半世紀も経てから回顧してみたならば、日本が自国人の土俗誌を承認したという一事は、この学問の歴史にとって、何物よりも重要なる一転期を劃するものであったことが知れるであろう。悔いるところは少しもないのである。この一つの事実があってから、土俗学は一段と民俗学に近くなった》（『民間伝承論』）。

なぜ西洋で、これらが区別されているのか。「未開種族」あるいは先住民を探究する民族学は、植民地主義に付随して生まれたものである。それが血なまぐさい侵略征服の所産であることは、誰にも明らかである。他方、民俗学は「同胞の文化」を研究するものだ。これらを区別する態度が、二つの学問が形成された西洋にもともとあったのである。しかし、柳田にとって、それらは厳密に区別できるものではなかった。

歴史的に、民俗学は民族学なしには存在しなかった。つまり、民俗学とは、外に見出した「未開社会」を、内の「同胞」に見出すものである。民族学は植民地主義の下僕だという批判は昔からあった。であれば、民俗学もそれを免れるものではない。しかし、西洋の民俗学者はそう考えなかったのである。

一方、柳田は、民俗学を始めた最初の段階で、山人を、抑圧された先住民の末裔と見た。その際、柳田がアイヌや台湾の先住民を参照したのは当然のことである。また、彼は古代日本史を念頭においていた。その意味で、柳田の学問を、民俗学、民族学、歴史学のどれかに分類してしまうことはできない。そのことは、柳田の理論的な不純さを意味するものではない。それらを区別できると考えることが自己欺瞞的なのである。

ハイネ『流刑の神々』

柳田にとって、民俗学は民族学あるいは歴史学と切り離せない。それは柳田だけの特異な考えではない。それらはもともと切り離せないのだ。だが、そのことを柳田が悟ったのは、彼が確立された民俗学を知る前に、ハイネの『流刑の神々』を読んでいたからである。

ヨーロッパでは、民俗学的な関心は、近代化あるいは資本主義化による急激な社会変化の下に消えゆく伝統文化へのロマン主義的な憧憬や民族意識の高まりの中で生まれた。特にドイツでは、民俗学はフォルクスクンデ（Volkskunde）と呼ばれ、フォルク（ドイツ民族／ドイツ国民）に共通する精神の発見という民族主義的な色彩が濃厚であった。その中で、ユダヤ系のハイネはまったく違っていた。彼はドイツ的な意味で民俗学的ではなかった。柳田の民俗学はむしろ、そこから来たのである。

ハイネによれば、ヨーロッパの森の中にいる妖怪は、キリスト教が到来する前に信仰されていた神々であった。しかし、このように神々が頽落したことは、たんなる宗教的現象ではなかった。実際、抑圧されたのは神々だけではない。何よりも先ず、人間なのだ。妖怪にされたのは、神々よりも人間であった。たとえば、ミシュレが『魔女』で書いたように、魔女ないし魔女に従う者として処刑されたのは、何らかのかたちで固有信仰を保持した人々であった。彼らは「山」ではないが、「森」の中に逃げたのである。

ヨーロッパでキリスト教の中の異端として抑圧された者は、実は、固有信仰と関係している。たとえば、カタリ派は、各人に神性があると考え、聖職者の特権を否定し、男女の差を否定した。このような宗教が社会運動と結びつくのは、当然である。したがって、それらは跡形もないほどに殲滅された。要するに、もしヨーロッパで民俗学がキリスト教以前の固有信仰を探るという試みだというならば、先ず、固有信仰を抱いた人々を大量に殺戮してきたという事実を承認すること、そして、その罪をあがなうという意識なしにはありえないはずである。

しかし、そんな意識は西洋の民俗学にはなかった。民族学（人類学）にもなかったからである。人類学者が植民地主義の共犯者であるという〝原罪〟を自覚するようになったのは、二〇世紀半ばになってからだ。民俗学のほうでは、その自覚がないままである。その中で、柳田国男は、他民族を対象とする民族学と、自民族を対象とする民俗学を区別しなかった。

椎葉村の焼畑狩猟民の姿を見たあと、柳田は山人について考えた。彼の出発点はつぎのような認識である。《現在の我々日本国民が、数多の種族の混成だということは、実はまだ完全には立証せられたわけでもないようでありますが、私の研究はそれをすでに動かぬ通説となったものとして、すなわちこれを発足点と致します》（「山人考」）。

柳田の考えでは、稲作民族（天つ神）が到来し、それまでの狩猟採集民（国つ神）は従属させられるか、山に逃げた。《自分の推測としては、上古史上の国津神が末二つに分れ、大半は里に下って常民に混同し、残りは山に入りまたは山に留まって、山人と呼ばれたと見るのですが、後世に至っては次第にこの名称を、用いる者がなくなって、かえって仙という字をヤマビトと訓ませているのであります》（同前）。しかし、この山人は、柳田にとって、過去の話ではない。

拙者の信ずる所では、山人は此島国に昔繁栄して居た先住民の子孫である。其文明は大に退歩した。古今三千年の間彼等の為に記された一冊の歴史も無い。それを彼等の種族が殆と絶滅したかと思う今日に於て、彼らの不倶戴天《ふぐたいてん》の敵の片割たる拙者の手に由って企てるのである。此だけでも彼等は誠に憫《あわれ》むべき人民である。併し斯言う拙者とても十余代前の先祖は不定である。彼等と全然血縁が無いとは断言することが出来ぬ。無暗に山の中が好であったり、同じ日本人の中にも見ただけで慄《ふる》える程嫌な人があったりするのを考えると、唯神のみぞ知《しろ》しめす、どの筋からか山人の血を遺伝して居るのかも知れぬ。がそんなことは念頭に置かない。茲《ここ》には名誉ある永遠の征服者の後裔《こうえい》たる威厳を保ちつつ、かのタシタスが日耳曼《ジエルマン》人を描いたと同様なる用意を以て、彼等の過去に臨まんと欲するのである。幸にして他日一巻の書を成し得たならば、恐らくはよい供養となることであろうと思う。

（「山人外伝資料」、傍点引用者）

柳田にとって、山人研究は「供養」を意味した。滅ぼされた先住民を、征服者の子孫であり、且つ、その先住民の血を引いているかもしれない自分が、「一巻の書」をなすことによって、弔うこと。つまり、彼は、征服する者と征服される者を同一のレベルで考えていた。それがこの学問の特性なのだ。したがって、柳田にとって、植民地下の「未開社会」を考察する民族学と、「同胞の文化」を探究する民俗学という区別は存在しなかったのである。

2　山人と島人

「孤島苦」の発見

一般には、こう考えられている。柳田はかつて「山人」について考えていたが、昭和に入ってそれを放棄し、戦後には『海上の道』が示すように、南島（沖縄）に、稲作＝日本民族の起源を求めた、と。しかし、この通念は正しくない。正確には、柳田が沖縄に向かったのは、一九二〇年である。しかも、その翌年、国際連盟の委任統治委員としてジュネーブに行った。

先に述べたように、村井紀は、柳田国男は、官僚として日韓併合に深く関与したことを打ち消すために沖縄に向かい、それによって、南島に起源をもつ日本民族の同一性という神話を創った、と述べている（『南島イデオロギーの発生』）。柳田が官僚として日韓併合に関与したことを悔いたことは、事実であろう。だが、その過去から遁れるために沖縄に行ったというのは、正しくない。なぜなら、柳田は退官したのち沖縄に旅行したが、そのあと、ただちにジュネーブに向かったからである。それは日韓併合の問題から離れることではなく、それを普遍的な観点から見直すことであった。そして、ジュネーブから帰国後は、朝日新聞の論説委員として、植民地問題などについて論じた。たとえば、米国の排日移民法に対して、それを人種差別として憤激する世論の中で、柳田は、日本は近隣民族に対して同じことをやっているではないか、という。

柳田国男が沖縄に旅行したことは、したがって、植民地・異民族統治問題への関与を打ち消すためではなかった。南島もまた、植民地、先住民問題の場であったからだ。沖縄に行く前から、柳田は南島について考えていた。一つには、海軍の軍人としてミクロネシア諸島（ドイツ領）に関与していた実弟、松岡静雄から南島について聞いていたからである。ジュネーブの国際連盟で南洋諸島の信託統治を担当したとき、柳田はすでに南島に関する考えをもっていた。

南島に向かったとき、柳田は先住民としての「山人」を放棄したといわれる。しかし、南島において、彼は山人の問題を別の角度から考えたのである。たとえば、一九〇四年、人類学者鳥居龍蔵は沖縄本島に、突起のついた縄文土器を見出し、沖縄が日本内地と文化的に共通することを唱えた。それを縄文人と呼ぶかどうかは別としても、沖縄に、縄文土器に類似する土器をもった狩猟採集民がいたことはまちがいないのである。すると、彼らは到来した稲作農耕民によって駆逐されたか、ないしは完全に吸収されたということになる。
日本内地では、稲作農耕民が到来したとき、狩猟採集民は追われて「山」に逃れた。しかるに、南島には逃れるべき「山」がない。南島の先住民は、内地の先住民とは異なる条件に置かれている。それは「島」そのものにある。『山の人生』で、柳田はつぎのように書いていた。《何の頼むところもない弱い人間の、ただいかにしても以前の群とともにおられぬ者には、死ぬか今一つは山に入るという方法しかなかった》。《人にはなおこれという理由がなくてふらふらと山に入って行く癖のようなものがあった》。

しかし、「島」は海に囲まれている。海があるため、自由ではあるが、同時に、海に拘束される。ふらふらと海に出て行くような者はいない。《島では幾つかの事由が具備しまた成熟しなければ容易に次の島には移って行かれなかったゆえに、出てもいい状態が来てもしばらくはやや無理をして、辛抱してなお止まっていたかと思う。島の人口が往々にして溢れやすく、従って同族闘争の激しくなりやすいことは今日のように政治国境のやかましい時代になっても、なお陸続きの大陸国では経験し得ないものがあるのである。これを要するに海は自由であるとともに、また特殊の拘束でもあった》（「島の話」『青年と学問』、傍点引用者）。

柳田は南島に向かったとき、これまで考慮しなかった島における生の条件を見出した。それは、柳田が一九二一年沖縄でおこなった講演「世界苦と孤島苦」で述べた言葉でいえば、「孤島苦」である。《諸君の所謂世界苦は、よく注意して見たまえ、半分は孤島苦だ》。それは二つの面からいえる。沖縄の諸島が日本の中央から差別されているだけでなく、諸島の中でも、本島と、宮古・八重山、さらに、それらの周辺の島々との間に、同様の階層的差別と収奪関係がある。

沖縄の有識階級に属する人々は、いかなる瞬間も中央の文化の恩恵が、孤島の端々に及ぶことと遍からずして、時運が彼等を後に取り残して進みつつあるのではないかを、気遣わざる時とてはないのである。しかも他の一方には、沖縄の中部日本に対する関係と、いたってよく似た外様関係をもって、沖縄自身に従属するさらに小なる孤島あることを忘れんとし、また往々にしてこれを取り残してひとり進もうとしたのである。

（「南島研究の現状」『青年と学問』）

これは沖縄だけではない。中央の日本そのものが島であり、世界の周辺にある。「孤島苦」は島国の日本にもつきまとう。「山人」を考え、「山の人生」を考えていた時期、柳田は、彼自身が大きな「島」にいることを忘れていたのである。もし本土の日本が「陸続きの大陸国」であったならば、追いつめられた先住民は外に去っただろう。が、それが孤島であるがゆえに、彼らは強制的に同化されるか、「山人」となったのである。その意味では、山人は孤島が生み出した者である。

柳田は祖霊信仰に関して、死者の霊は近くの山の上に向かう、といっている。しかし、沖縄では祖霊は海の向こう（ニライカナイ）に行く。ここで、どちらが祖型であるかと問うべきではない。沖縄には本土のような山がない。ゆえに、祖霊は海の向こうに行く。柳田は本土で山の上に見ていたものを、沖縄では海の向こうに見た。だが、山か海かは重要ではない。また、どちらが原形であるともいえない。いずれも孤島における現象なのだから。

このように「孤島苦」という観点に立ったとき、柳田は新たな認識と実践に向かったといってよい。ジュネーブから帰ったのち、柳田はつぎのようにふりかえっている。

ゆえに今もし沖縄の学者たちが、一たびこの大小孤島の比較に徹底して、一方には目下自分たちの知友親族等の悩み患うるところのものは、以前年久しく微少なる諸属島が、痛烈に味わっていたところの不幸と同じものであったことを知り、さらに他の一方にはそれがまた、この日本という島帝国全体の、行く行くまさに陥らんとするところの惨状であるべきを覚《さと》って、自ら憐むとともに同種国民のためにも悲しみかつ患い、よく病源を探り治術の要点を見出すことに率先したならば、彼等の学問の光は一朝にして国の光となり、ついには人間界の最も大なる希望も、これに伴うて成長するにちがいない。これが私の沖縄人に向って、力説した意見の大要であった。（同前）

柳田はまた、ジュネーブで「島」という条件について考えたことを、以下のようにふりかえっている。

二年間の経験で私に役に立ったのは、島というものの文化史上の意義が、本には書いた人が有っても、まだ常人の常識にはなり切って居ないことを、しみじみと心附いた点であった。所謂裏南洋の陸地は、寄せ集めて滋賀県ほどしか無いのに、島の数が大小三千、うち七百まではたしかに人が住んで居る。それでは巡査だけでも七百人はいるわけだと、冗談を言った委員もあったが、其島々が互いにくいちがっためいめいの歴史を持って、或程度、別々の生活をして居ることまでは、陸つづきで交際する大陸の連中には呑込めない。茶碗の水も池の水も、水は水だというような考えは、西洋で物を覚えた我邦の外交官までが皆もって居て、第一に本国の周辺に、大小数百の孤立生活体の有ることをさえ考えない。数を超脱した「人」というものの発達を、せめては歴史の側からなりとも考えて見ることの出来るのが、日本の恵まれた一つの機会だったということを、気付かぬ者だけが政治をして居る。だからまだまだ我々は、公平を談ずる資格が無いと、思うようになって還ったのは御蔭である。

（「ジュネーブの思い出」）

植民地支配の考察

沖縄に行くことは、柳田にとって、日本人のアイデンティティを求めることではなかった。沖縄人の経験、さらに、それを踏まえた日本人の経験にもとづいて、帝国主義諸国の統治下におかれた各地の島人たちの問題を普遍的に考えることであった。

柳田が沖縄に関して特に論じるようになったのは、先に述べたように、沖縄が戦後、米軍統治下にあり、それがサンフランシスコ講和条約とともに固定化された状況があったからだ。たとえば、もし戦後に東北地方がソ連によって永く占領されるようなことがあったならば、柳田は東北地方についてもっと書いただろう。第二次大戦前では、柳田にとって、沖縄と東北は同等の価値をもっていた。実際、彼は一九二〇年、沖縄に行く前に東北に旅行した。それは、この二つがどちらも不可欠だったことを意味している。

赤坂憲雄はいう。《昭和初年の柳田によって発見されたものは、まさに、この列島の南／北また西／東において共通する基層文化であった》（『東北学／忘れられた東北』）。柳田が東北旅行から得た認識は、のちに『雪国の春』（一九二八年）として出版された。赤坂は、しかしこれによって柳田は「稲を作る常民たちの東北」というイメージを創りあげた、という。つまり、稲作以前の東北が「忘れられた」というのである。

しかし、ジュネーブから帰ったのち、柳田国男は一九二六年東北で、つぎのように講演している。

東北地方は物質上の特質あると共に住民の精神生活の上にも他地方との間に差がある。東北の住民の中には二種の別があるらしい。先住者と移住者の間には目に見えぬ階級が存しこの二者が巧く調和をなし兼ているらしい。東北人は個々の繁栄のみにとらわれず東北全体の上より見たる繁栄策を講ぜねばならぬ。

（「東北研究者に望む」）

このように、柳田は東北に稲作以前の先住民、あるいは「山人」を見出している。あるいは、「目に見えぬ階級」を見出している。この講演は、ある意味で、沖縄での講演の主旨と類似する。つまり、南北における一致が示すのは、たんに基層文化の同一性ではない。同一なのは、どちらも、中央によって制圧され収奪される周辺部だということである。そして、そのような周辺部の自立と繁栄のためには、中央に対する闘争だけでなく、その内部における「中心―周辺」の構造、あるいは「目に見えぬ階級」を克服する必要がある。

柳田がジュネーブで取り組んだのは、そのような先住民の問題を普遍的に見ることであった。彼は、西洋諸国の植民地支配による先住民の破壊を考察した。しかし、それは西洋諸国だけでなく日本もふくむものである。しかも、それは、たんに植民地化された土地の人々への同情からだけではない。

其上に多くの日本人がまだ考えぬことであるが、欧羅巴《ヨーロッパ》の植民国の先例は必ずしも所謂《いわゆる》帝国主義の徒にとって、好都合なる材料のみを供するものでは無いのである。多くの白人国の領土拡張策は、之に由って怨みと争いとの種を蒔《ま》いた割には、予期しただけの効果を収めては居らぬので、之が為に若干《じゃっかん》の資本家をして更に富ましめ、其手から本国の政争に兵粮《ひょうろう》を調達させたことはあるだろうが、国民総体の利益として見るときは、存外に投じたる労と費とに償わぬ結果を見たのである。之を要するに始めにも誤算あり、中頃にも誤算あり、将来とても今の方針が皆正しかったことを、証明することは六つかしいように思われるのである。（「国際労働問題の一面」）

以上のように、柳田は、植民地政策が究極的に不利益をもたらすことを指摘している。それは、人道主義的というよりも経済合理的な観点から植民地主義に反対したアダム・スミスにもとづく見方である。この点では、すでに一九一〇年代に、「東洋経済新報」に拠った三浦銕太郎《てつたろう》や石橋湛山が、同じ理由から、帝国主義＝「大日本主義」に反対し、自主的な植民地放棄＝「小日本主義」を唱えていた。柳田の考えも「小日本主義」である、といってよい。

先住民と農民

第一次大戦後にできた国際連盟は、帝国主義を批判しながら、それを無難に存続させる仕組みであった。柳田がコミットした「委任統治」もその一つである。その統治がそれ以前の植民地支配と根本的に違わないということは、柳田にとって明らかであった。とはいえ、国際連盟という機関が、それまであった露骨な帝国主義を制限するものであったことも確かである。柳田は国際連盟のもとで何が可能かを考えた。

柳田は、植民地支配が先住民の社会を破壊していることを見届けながら、同時に、それをたんに糾弾するだけではすまない、と考えていた。植民地支配があろうとなかろうと、近代資本主義経済の浸透は、旧来の社会を解体させずにはいない、つまり、先住民が没落していくことは避けがたい、と彼は考えていた。「善意」によって彼らを保護する政策をとっても、それがかえって、没落をますます促進することになってしまう。柳田はそのような絶望的な状況認識に立って、先住民の問題を考えていたのである。

しかも一方にはこんな白人の支配の下に、土人の衰亡は月に日に甚だしいのである。悪病・悪習慣の船で遠方から運ばれたものが算《かぞ》え切れぬほどある上に、せっかく善意をもって試みたる生活改良が、たいていはかえって原住民の生活力を妨碍《ぼうがい》している。戦争が絶え危難が減じたということさえ、土人をして生活の興味を失わしめる原因となった。

彼等の敬慕の標的であった土酋《どしゅう》名門の勇士は、多くは世を憤って悲壮なる終りをとり、嗣《つ》いで起るものはもうなかった。優柔無気力なる改宗者だけが白人から保護せられ、彼等には積極的な生活上の興味刺戟がないために、努力というものは少しもその必要を見ず、その結果であったかどうか、とにかくに人の生れ方が少なくなって、人口は減少する一方である。かつて繁栄した島々の、再び草木をもって閉されたものも多く、数年前の流行感冒で一時に減じた人間の数が、どうしても元に戻る見込みがない。このまま自然の成行《なりゆき》に放任しておくことは罪悪のごとく感ぜられるにもかかわらず、もうだめだろうという悲観説がすこぶる有力なのである。しかも皮肉な事にはこのごろになって、島の生活の特性がだんだんに研究せられ、今まで一通りの観察では見現わすことのできなかったほど、土人の歴史は意味深いものであり、また白人文明と対立した全然別種の文明が、成長せんとして中途で挫折《ざせつ》したのであったことを、心付く者が出て来るようになった。この大切な社会学上の問題が、まだ一通り明らかにならぬうちに、不幸にして悲観論者の予言が適中し、今残っているだけの資料すら消滅してしまうようなことがあったら、おそらくは白人自身の中にも、過去の白人の植民政策の拙劣と失敗とを、悔恨し痛罵《つうば》してやまざる者を出すことであろうと思う。

（「青年と学問」『青年と学問』）

柳田は、先住民を民族学ないし民俗学の対象として見ているのではない。かといって、保護すべき対象として見ているのでもない。彼が望むのは、先住民自身が「土人の歴史は意味深いものであり、また白人文明と対立した全然別種の文明が、成長せんとして中途で挫折したのであったこと」に気づくことである。彼らの「協同自助」のための手助けとして、少なくとも「今残っているだけの資料すら消滅してしまうようなこと」がないようにすること。

柳田のこのような姿勢は、日本の農村にかんする姿勢と同一である。たとえば、彼は椎葉村の山民を称賛しても、彼らの存在様式が長く続くとは考えなかった。実際、彼は焼畑農業に否定的であった。『山民の生活』では、信州など日本の山の多くが禿げ山になったのは、焼畑農業のせいだといっている。柳田が称賛したのは、焼畑という農業技術ではなく、遊動性がもたらした社会形態なのだ。それは、たとえ外見上焼畑農業が残っても消えてしまうだろう。ただ、山民が現に行なっていることを、将来彼ら自身が、別のレベルで実現するだろうと期待し、そのために、現在あるものを記録する。それが柳田の民俗学あるいは「郷土研究」である。これは「供養」のようなものである。が、柳田はそれが将来に役立つと信じたのである。

3　公民の民俗学

柳田は「山人」を放棄していない

柳田国男が「山人」説を引っ込めたのは、一九一四年に、南方熊楠に批判されたからだといわれている。しかし、柳田はそれを放棄したことはない。先に引用したように、彼は東北地方に今も、「先住民と移住民の間の階級」が残っていると語っている。そして、彼が南方の「島」に向かったことも、山人の否定を意味するものではない。にもかかわらず、柳田が一九三〇年代に、多数性を斥け、等質な日本社会を想定する「一国民俗学」に向かったという見方は、ぬぐいがたいほどに定着している。

たとえば、川田順造はその定説に従い、その原因がジュネーブに滞在したことにある、と推測している。《滞欧生活で、とくにグリム兄弟の民族国家を志向したフォルクスクンデのあり方に刺激を受けた柳田は、日本国家に対する責任感も反映して、日本文化の伝承主体としての等質の「常民」（その定義は、柳田の内でも変転していることは、すでに多くの指摘がある通りだ）を想定した日本民俗学を推進する立場をとるようになる》（「最初期の柳田を讃える」『現代思想』二〇一二年一〇月臨時増刊号）。これは通念にもとづく誤解である。

柳田はジュネーブで、日本で考えていた山人問題を普遍化しようとしたのである。また、彼は帰国して、吉野作造とともに、朝日新聞の論説委員となり、普通選挙を実現する運動の先頭に立った。さらに、選挙の応援演説にまで出向いた。その一方で、彼はエスペラントを普及する運動を始めた。岡村民夫が詳細に論じたように、「滞欧生活」の影響は、むしろこのような公的活動に見るべきだろう（『柳田国男のスイス―渡欧体験と一国民俗学』）。もちろん、柳田のこのような活動の結果ははかばかしくなかった。たとえば、折角実現された普通選挙（一九二八年）でも、結果は従来と変わりばえがなかった。人々は地域に割拠する「親分」（顔役）に従っていたからである。

だから普通選挙が選挙人の数を激増し、自由な親分圏外の人々に投票させてみても、わずかな工場地帯の別箇の統制を受けるものの他は、結果はだいたいにおいて、以前と異なるところがなかった。つまり我々は散漫なる孤独において、まだ自分の貧苦の問題をすらも、討究してみる力を持っていなかったのである。もしくは多数の同境遇の人々と、いかなる方法でも結合しなければ、解決は無意義だということだけを知って、しかもその方法に非常なる価値の差等があることまでは心付かなかったのである。

（『明治大正史世相篇』、傍点引用者）

しかし、柳田は、ここに民俗学の新たな課題を見出した。この時期、柳田が「山人」に関して書いていないのは、それを棄てたからではない。一つには、『明治大正史世相篇』（一九三一年）の序文に自ら記したように、民俗学の方法を古代史ではなく現在に向けようとしたからである。この本の最後に、彼はこう記している。《我々の考えてみた幾つかの世相は、人を不幸にする原因の社会にあることを教えた。すなわち我々は公民として病みかつ貧しいのであった》。大塚英志はそこに「柳田の可能性」を見出している。

柳田國男の民俗学の本質を山人や被差別民といった「非常民」から、代表的日本人としての稲作民たる「常民」への研究対象の転換とみるのは、ほとんどの柳田論の定説というか大前提だが、その二つにはさまれるかたちで、まだ、この時点では「民俗学」を名乗ることを躊躇する柳田の民俗学に束の間、「公民の民俗学」があったことは、やはり柳田の可能性として評価すべきだとぼくは考える。（『公民の民俗学』）

ただ、柳田国男の「公民の民俗学」はそれ以前からあったし、それ以後にもあったと私は思う。柳田が「我々は公民として貧しい」というとき、それは、西洋には成熟した市民社会があるが、日本にはないというようなことをいっているのではない。彼は「公民」の可能性を、むしろ前近代日本の社会に求めている。ゆえに、民俗学となるのだ。たとえば、親分子分は、オヤ・コという縦型の労働組織にもとづくものだが、それとは別に、ユイという対等な労働組織がある。人々がオヤコ関係への従属を脱するためには、「散漫なる孤独」に向かうのではなく、他者と連合するユイに向かわねばならない。西洋でも、市民社会は中世のギルドから発展したのである。その意味で、柳田が当初から協同組合論として考えてきたことも、「公民の民俗学」にほかならない。さらに、その後、彼が先祖信仰として論じたことも、「公民の民俗学」の一種だといえる。

ついでにいうと、中世日本において、村は家族や氏族の拡大ではなく、移民の集合として形成されたと、柳田はいう（『日本農民史』）。その場合、二つのタイプがあった。一つは、

「単一支配式」、すなわち、有力な豪農が百姓下人を引き連れて作るものである。もう一つは「組合式」、すなわち、対等な個人が共同で開発した村である。そこでは、「何か事ある際には村の寄合というものが、真の執行力であった」。前者はオヤ・コ、後者はユイに対応するものである。柳田が「公民」としての可能性を見出すのが、後者であることはいうまでもない。

植民地主義への抵抗

しかし、大塚英志は、柳田の「公民の民俗学」の企ても挫折し、一国民俗学に閉じこもるようになったという。ジュネーブ時代を中心に、一九二〇年代の柳田の積極的な活動を詳細に検討した岡村民夫も、つぎのように結論している。

一九二〇年代は、柳田が複雑な世界の表面に、もっとも直接、様々な場所と様相において触れ、痛みと好奇心を覚えながら多元的で多層的で振幅に富んだ思考や活動をし、もっとも積極的に社会へはたらきかけた時代である。ところが一九三〇年前後、彼の思考と活動は〈等質な日本〉という幻像に急速に吸い寄せられ、幾つものみずみずしい力線が封印されたり、内側にねじ曲げられたりするにいたった。（『柳田国男のスイス』）

しかし、私はこのような考えに反対である。柳田国男が一九二〇年代になそうとしたことは、二九年の経済恐慌、三一年の満州事変によって挫折に終った。とはいえ、それによって、柳田が根本的に変わったわけではない。たとえば、彼は「一国民俗学」を唱えたが、それは旧来のナショナリズムとは別のものである。

実は、この時期のナショナリズムは、「一国」的なナショナリズムを否定するものであった。満州への開拓移民はいうまでもないが、日本の兵士は大陸に送りこまれた。むしろ、「一国」に閉じこもることが許されなかったのだ。だから、このようなナショナリズムは、〝ファシズム〟と呼ばれるべきであろう。〝ファシズム〟は本質的に、ロシア革命に対する対抗革命であった。つまり、たんなる反革命ではなく、異なる革命を志向するものである。したがって、それは、建前にすぎなくとも、帝国主義および資本主義を否定するものであった。たとえば、近衛内閣のブレーンはマルクス主義者の三木清や尾崎秀実であった。また、西田幾多郎以下京都学派の哲学者らは、帝国主義を否定し、資本主義とナショナリズムを越える、「大東亜共栄圏」の哲学的基礎づけを提供した。

現実には帝国主義が続いている。しかし、あたかもそれが超えられたかのように語られたのである。民俗学においても、そのような傾向があらわれた。比較民俗学あるいは世界民俗学の提唱である。柳田の弟子たちもそれに賛同した。それを拒絶した柳田は孤立したのである。したがって、赤坂憲雄の以下のような指摘は正しい。

柳田が一国民俗学の牙城に立て籠もったのが、日本という国家がアジアに向けて植民地侵略の戦争を仕掛けていった、まさに「満州事変」から「太平洋戦争」へと連なる戦争の時代であったことは、偶然ではない。ある意味では、一国民俗学は戦時下の所産であった。わたしはそこに、たとえ消極的なものではあれ、時代を覆い尽くしてゆく植民地主義に向けての抵抗の意志を認める。とはいえ、ほとんど実効性を持たない、ただ関与を拒むという受け身の水準に留まるものであったことは、否定すべくもない。そして、敗戦を迎えてからは、柳田の一国民俗学はその忌み籠もりにも似た身振りによって、広く受容されることになる。柳田が物語りしてきた、島国のなかで、侵略とも戦争とも無縁に、稲を作り祖先崇拝に生きる常民たちの牧歌的な風景は、おそらく日本人の多くが蒙った戦争の傷を癒してくれるものであったはずだ。

（『一国民俗学を越えて』）

しかし、柳田国男が「一国民俗学」をいい始めたのは、たんに時代情勢に対抗するためではなかった。彼の民俗学が「一国」的であることは、ナショナリズムとは関係なく、彼が確立した方法から必然的に来るのである。そして、それは、彼が「山人」を引っ込めるきっかけになった事件とも関係している。

4　民俗学と史学

「農村生活誌」とアナール学派

柳田は一九一一年以来、南方熊楠と書簡の往復を続けたが、一四年に、論争と決裂にいたった。南方は、柳田が刊行した雑誌『郷土研究』について、民俗学研究としては、不純、不十分であると考えて、いろいろ注文をつけた。それに対して、柳田は反論した。これは民俗学のための雑誌ではない、というのだ。

次にかの雑誌は民俗学のための雑誌のようたびたび仰せられ候には迷惑仕り候。前回幾度も刊行の趣旨を申し上げしことあり。小生専門はルーラル・エコノミーにして、民俗学は余分の道楽に候。かつ雑誌は田舎の好学の徒をして地方研究の一般の趣味を感ぜしむるにあり。……

（一九一四年五月一二日付け）

さらに、この柳田の書簡に関して、南方がルーラル・エコノミーを〝地方経済学〟と訳して論じたことに対して、「もし強いて和訳するならば農村生活誌とでもして貰いたかった」と反論している（「南方氏の書簡について」）。これは、柳田が、西洋でそう考えられているような意味での民俗学を目指していないということを示している。「農村生活誌」は、明らかに、農政学の延長なのである。ゆえに、それはまた「郷土研究」とも言い換えてよい。また、柳田は「国民生活変遷誌」を、日本民俗学の別名としてもかまわない（「実験の史学」）といい、さらに、「民間伝承論」という言い方もしている。

柳田は「郷土研究」という言葉を採用した理由をつぎのように述べている。《フォクロアのごとく、資料採取の分野をできるだけ小さく区劃し、個々の地方を単位とした考察方法、及びそのたくさんの比較をもって、ある事実ある法則を明らかにして行こうとする学問も、またこの郷土研究という汎い総称の中に包含させ得ると信じたゆえに、……》（「郷土研究ということ」『青年と学問』)。要するに、柳田が目指したのは、狭義の民俗学ではない。それを含むような「郷土研究」なのである。

　こう見ると、柳田が農政学から民俗学へ移行し、さらに山人から常民へ、比較民俗学から「一国民俗学」へ移行したというのは、おかしい。柳田は、ある意味で「農村生活誌」を書き続けたのだ。そのため、柳田民俗学は、通常の民俗学と考えられるものとは違っている。それは社会学や歴史学をふくむ。同時に、それらに分節できないものである。農村生活誌とは農村生活史である。つまり、それは広義の歴史学なのである。

　彼の「農村生活誌」は、フランスでマルク・ブロックがフェーヴルとともに「社会経済史年報」を創始した(一九二九年)ことと、時代的にも平行している。ブロックは、マルクス主義をベースにしながら、民俗学、民族学(社会学)、精神分析を取り込むかたちで歴史を書いた。たとえば、『王の奇跡』で国王の体に触れると瘰癧《るいれき》という病気が治るという中世ヨーロッパの信仰を扱いながら、王権の神聖化が成立する過程を見ようとした。これは柳田でいえば、「怪談」を通して、社会的構造や民衆の心性を明らかにすることである。

　さらに、アナール(年報)学派と呼ばれる、この学派の特質は、通常の歴史学が短期的な出来事を中心とするのに対して、長期的な持続の相において歴史を見る視点をもたらしたことにある。柳田国男の史学も基本的にそのようなものである。しかし、柳田の場合、「民俗学」と呼ばれたため、それが新たな史学であることは意識されなかった。『明治大正史世相篇』などは題名からいっても、明らかに歴史の書、しかも、方法的に新しい歴史の書であったが。柳田が「実験の史学」を唱えたのと、「一国民俗学」を唱えたことは別のことではない。彼はこの時点で、民俗学を史学の方法として使うことを明確にしたのであり、そのため、民俗学は「一国」的でなければならなかったのだ。

柳田は歴史学の知を文献や遺物だけでは知り得ない領域に広げようとした。民俗学の方法がそのために不可欠であった。それは人々の「心意」に、つまり、各人の主観、記憶に問うものであるが、柳田は、それらを重ね合わせることによって、共同主観的な現象を見出す。彼はそれを「重出立証法」と呼んだ。《我々の重出立証法はすなわち重ね撮り写真の方法にも等しいものである》(『民間伝承論』)。このような方法で、最も頼りになるのは、言葉である。《私が言葉の採集に重きを置く理由は実はそこにある》(『郷土生活の研究法』)。

「一国民俗学」の条件と可能性

しかし、それによって民俗学が成立するとしても、これを歴史学の資料とするには、別の条件が要る。すなわち、どれが時間的に古いかを示す指標が必要なのだ。柳田は『蝸牛考』において、その鍵を、日本の方言がもつ一つの特徴に見出した。それは、日本列島では、言葉が中央から四方に波紋のように広がったという仮説である。それが「方言周圏説」である。たとえば、蝸牛《かぎゅう》を指す言葉は、近畿地方では「デデムシ」、中部と四国の一部で「マイマイ」、関東と四国の一部で「カタツムリ」、東北と九州の一部で「ツブリ」、東北の一部と九州の一部で「ナメクジ」というように、近畿地方を中心にして同心円状に分布している。ゆえに、南北の両極において方言が一致する場合、それを中央における古層と見なしてよい。これによって、空間的な調査を通して歴史的に遡行することが可能になる。

このような見方に関しては、言語学者は批判的であった。しかし、柳田は一定の語に関して考えたのであって、日本語の一般的な歴史を考えたのではない。一方、民俗学者の宮本常一は、方言周圏説が京都中心の見方にもとづくものであると批判し、東西の文化的差異を強調した。しかし、柳田の民俗学が目指したのは、「文化の多元性」を見出すことではなく、その逆であった。

郷土研究の意味は、西洋諸国でいう、劃地調査法《レジオナリスム》と、この点においてよほど異ったところがある。彼は種族の混和に基づく文化の多元性を認め、地方ごとにしばしば系統の異なるものあることを推究するのであるが、わが邦《くに》は南も北も遡ればかえって多くの一致を見、ただ地形と中央からの距離の多少とによって、その変遷の歩みに遅速あるを見出すのみである。
（「実験の史学」）

柳田にとって、方言周圏説が成立することは、民俗学が「実験の史学」となるために不可欠な条件であった。このような条件に恵まれた地域は、めったにないだろう。それは、一つには、日本が島国であったからだ。柳田はいう。外国では「一国民俗学を作ることは無理かも知れない。しかしわが国でならその可能性が十分にある」。民俗学は、「ほとんどこの一個の悩み闘う邦のために、準備せられたかの感がある」（『民間伝承論』）。

柳田が彼の学問を「実験の史学」と呼んだのは、「実験」と呼ぶにふさわしい条件を見出したからである。《現在の国内の事実はほとんどこの変遷のすべての階段を、どこかの隅々に保存している。一つの土地だけの見聞では、単なる疑問でしかない奇異の現状が、多数の比較を重ねてみればたちまちにして説明となり、もしくは説明をすらも要せざる、歴史の次々の飛び石であったことを語るのである》(「実験の史学」)。柳田の「実験の史学」にとって、沖縄が不可欠となったのも、この観点からである。

自分が大正九年に沖縄へ行ったことは、今から考えると大変に意義のあることであった。今日ではおかしいほどであるが、その以前は日本と琉球との関係、たとえば日琉同祖論のごときも種々証明をしてかからねばならない状態であったのである。琉球の郷土研究によって我々の舞台は確かに拡大され、信仰の問題にしても、社会組織の問題にしても、方言研究にしても、まったく面目を改めた。内地ではきわめて古いものが琉球では眼前に厳存しているのであった。たとえば神を祭る者が女であることは、文献上の斎《さい》宮《ぐう》・斎院《さいいん》のことと一致している。(中略)家々が分立する以前の、家を労働単位とせぬ労働組織の概念なども、琉球のウェーカの観念によって考えられる。今日の親子なるものが、産みの親子などより前は、労働組織の単位であったこともこれによって知られるのである。琉球と同じく郷土研究の上に珍しい材料を提供したのは東北地方であって、岩手県の一部に残っているナゴの制度のごときも、日本の古い時代の姿を髣髴《ほうふつ》させる。

(『民間伝承論』)

沖縄が重要なのは、そこに起源があるからではないし、また、他と異なるからではない。それが重要なのは、同一の事象が東北その他の辺境に見いだせるかぎりにおいてである。そのことが「実験の史学」を保証したのである。

日本は、「実験の史学」にとって恵まれた場所だ、と柳田は考えた。これは日本を特別視あるいは例外視するものではない。ここで得られる認識は普遍的でありうる。たとえば、柳田が「郷土研究」というとき、それは郷土の特異性を強調することではまったくなかった。逆に、彼は、ある郷土が特異であると考えるような「地方主義」を否定した。《地方主義は有害です。真の地方主義は事実を確かめること、そうして結局はどこにも飛び抜けて珍らしいことはないという結論に行くつもりでなくては駄目です。（中略）手短かにいえば書いた物の不信任、事実の再検査ということが地方主義の骨子であります》（「東北と郷土研究」）。

つまり、地方主義は、自分らの地方が特別だと思い込むことであるから否定される。かといって、地方的な事実に立脚しない、普遍的な観念も疑わしい。地方の「事実」から出発して、「どこにも飛び抜けて珍らしいことはないという結論」に至ることが、「真の地方主義」である。それが「実験の史学」なのだ。

世界的な文脈で見れば、柳田がいう一国民俗学はどうなるか。もしそれが特殊日本的なものを見出すことであれば、あるいは、ナショナリズムを鼓吹するものであれば、「有害」な地方主義である。むろん、文献によらない「事実」に依拠するためには、地方主義が不可欠である。ただ、それによって「どこにも飛び抜けて珍らしいことはないという結論に行くつもり」でなければならない。

このようなやり方が可能な所は稀であろう。しかし、一国民俗学が可能であるならば、先ずそれをやるべきだ。《自分の考えるところでは外国では今のところ一国民俗学を作ることは無理かも知れない。しかしわが国でならその可能性が十分にある。殊俗誌《しゆぞくし》学がもっともっと進展し、一国民俗学によき刺戟と影響とを与えて、やがては世界民俗学を実現させるであろうことこそ、殊俗誌の今後の使命というべきである》（『民間伝承論』）。

くりかえすと、柳田が「一国民俗学」を唱えたことは、「実験の史学」を唱えたことと不可分である。それゆえ、柳田の一国民俗学は内閉的なナショナリズムと峻別されねばならない。またこの時期、京都学派に代表されるように、日本ないし東洋と、西洋との文化的異質性、いいかえれば文化的多元性が強調されていた。それに対して、柳田はむしろ、文化の地方的多元性という考えに異議を唱えたのである。

5　オオカミと「小さき者」

狼に見た遊動性

柳田は山人について論じるのをやめた。しかし、それは山人論を放棄することではない。山人論には二つの意味がある。第一に、それは先住民、異民族を意味する。第二に、それは、柳田が椎葉村に見たような遊動性・ユートピア性を意味する。山人論を放棄するという場合、通常は第一の意味で語られる。その場合、柳田が沖縄に行くことは、山人論の放棄を意味することになる。あるいは、村井紀が糾弾したように、植民地主義への加担を隠蔽するということになる。

しかし、第二の意味では、柳田は山人論を放棄していない。絶えずそれを追求したのである。その点で、興味深いのは、彼が「一国民俗学」を唱えた時点で、狼について論じはじめたということである。それ以前にも、彼は狼について論じていた。『山の人生』でも、「今こそ狼は山の神の使令として、神威を宣布する機関に過ぎぬだろうが、若し人類の宗教にも世に伴う進化がありとすれば、曾ては狼を直ちに神と信じて、畏敬祈願した時代があって、其痕跡は……」と書いている。しかし、柳田が狼について本格的に論じはじめたのは、一九三〇年以後である。彼は、狼がまだ日本に生存するということを主張した。特に、「狼のゆくえ―吉野人への書信」（一九三三年）は、狼が吉野地方にも残存するというもので、実際に、吉野で狼探索に熱中する人が増えたといわれる。[1]

狼の専門家は柳田の説を一笑に付した。たとえば狼の専門家、平岩米吉は、狼が滅んだのは、群れが解体し、交配の相手を見つけにくくなったからだという柳田の考えを批判した。これは、狼が根本的に群れとして生きていることを知らない見方だ、と。《狼は、群れの解体ではなく、親密な群れの生活のために滅びたのである》（『狼―その生態と歴史』）。確かに柳田は、狼の生態学に通じていなかっただろうが、オオカミがカミであるという信仰に関しては、誰よりも通じていた。彼は、日本の山中に狼が生きていると信じた。彼が狼にこだわったのは、そこに、山人すなわち遊動的な狩猟採集民の代補を見たからだと思われる。

実際、人類が遊動的な狩猟採集民であった時期、狼は人間の狩猟仲間であった。狼が敵視されるようになったのは、定住農耕民の段階以後である。以来、グリム童話の「赤ずきん」に代表されるように、狼は狡猾で凶暴なものと見なされるようになった。山人について書くことを、山人を滅ぼした者の子孫であるとともに、滅ぼされた山人の子孫である自分がなすべき「供養」であると考えたように、柳田は、狼についても同様に考えたのである。

狼を愛し保護しようとする人たちは大勢いる。柳田を批判した専門家もその一人である。しかし、「狼を直ちに神と信じて、畏敬祈願」するような人は、滅多にいない。私の知る限り、『狼の群れと暮らした男』（二〇一二年）を書いたイギリス人、ショーン・エリスは例外的人物である。彼はアメリカの先住民から、狼が神として敬われていることを学んだ。エリスがおこなったのは、たんに狼を観察したり保護したりすることではなかった。その逆に、野生の狼の群れに混じって生きることを目指したのである。それは命がけの行為であったが、実際に、狼に受け入れられた。(2) このような人物が、狼研究者の間でさえたんなる変人として遇されたことはいうをまたない。日本における狼の生存を主張した柳田も、事実上、そのような変人として嘲笑されたのである。

山人について書くことをやめたあと、柳田は執拗に狼について書いた。しかし、一九三五年以後は、それさえもやめた。彼が『郷土生活の研究法』において、「常民」や「一国民俗学」をいい始めたのは、この時期である。だが、それは、彼が山人や狼に存する遊動性、あるいは、そこに存する「ユートピア」を捨てたことを意味するものではない。

一九三〇年代に柳田が政治的・経済的膨張主義に対抗して「一国民俗学」を唱えたとき、それは突然の変化ではなかった。また、それは遊動性の否定でもなかった。彼が否定しようとしたのは狩猟採集民的な遊動性ではなく、遊牧民的な遊動性、あるいは国家や資本によって発動される遊動性であったからだ（付論参照）。たとえば、一九三〇年代の日本では、大衆社会において遊動性を称揚する言説やイメージが顕著となった。

その一例は、「浪人」が小説や映画の主人公となったことである。映画では、浪人はアメリカの西部劇のガンマンと同様にふるまう。いずれもフィクションにすぎないが、少なくとも一九世紀米国のガンマンには未開拓のフロンティアがあったのに比して、徳川時代の浪人にはなかった。彼らは出口なしの惨めな存在、まさに牢人であった。しかし、今や「浪人」は、既成の組織や共同体を越えて、フロンティアに向かう「浪漫者」として表象される。たとえば、満州で一旗揚げようとする者は、「満州浪人」と呼ばれた。「俺も行くから君も行け、狭い日本にゃ住み飽きた」という歌が流行った。

このタイプの遊動民は、山人的ではなく、遊牧民的である。それが帝国主義的な膨張とつながるのは、当然である。したがって、この時期に、遊動性を肯定することは意味がないばかりか、有害である。一方、柳田はこの時期、定住民に焦点をあてた。そこで、「常民」という概念を強調するようになったのである。それは、一九三〇年代、支配的な言説が脱領域的な拡大と移動を主張する方向にあったとき、縮小と定在を主張することであった。

神社合祀への反対

それ以前にも、柳田は国家の拡大政策に反対したことがある。それは、一九〇六年にいわゆる神社合祀令が出されたときである。柳田が南方熊楠と知り合い、頻繁に文通するようになったきっかけは、それに対する反対運動にあった。それは、小さな神社を廃して大きな神社に統合する政策である。実際に、一九一四年までに、二〇万のうち七万の神社が取り壊された。これは政治的に中央集権化の一環であり、地域共同体を解体して行政的区域に還元してしまうことを意味した。それに対して、南方熊楠と柳田国男は共同で反対運動をおこなったのである。

ただ、南方の反対の動機は、柳田とは多少違っていた。たとえば、神社の統合が、彼の研究していた粘菌が多く存在する神社周辺の環境の破壊につながると南方は考えた。《神社濫滅のため土俗学・古物学上、また神林濫伐のため他日学術上非常に珍材料たるべき生物の影を止めず失せ果つるもの多く、さて神職等、素餐《そさん》飽坐《ほうざ》して何のなすところなく、淫《いん》祀《し》狐《こ》蠱《こ》の醜俗蜂起し候こと、実に学問のためにも国体のためにも憂うべき限りに有之候》（一九一一年三月二一日付け柳田国男宛書簡）。

近年、南方の見解は、先駆的なエコロジストの視点として称賛されている。実際、南方の考えは、合理的で普遍的である。一方、柳田が合祀令に反対した理由はもっぱら、神社の統合が固有信仰としての氏神を破壊してしまうという点にあった。南方にとって、日本の氏神信仰は民俗学の一分野として重要であった。が、柳田にとって、それは「国民生活変遷」の歴史から切り離すことのできない問題であった。民俗学の定義をめぐる彼らの分裂は、彼らが連帯した時点に始まっていたといえる。

柳田は神社合祀令に反対したが、神社を現状のままに放置しておけばよいと考えたのではない。のちに、彼はつぎのように述べている。

日本の神社合祀は、官府の慫慂《しょうよう》を待つことなしに、以前にもくり返し行われていたのであります。古記の表によりますと、氏神は紛れもなく氏の神、ただ氏人のみの集まって祭を仕える神でありました。ところが現在は三つ五つの異氏族の者が、ともどもに一社の氏神の、氏子となっているのであります。古い名が転じて他の物に附くということも絶無ではありませんが、この場合に限ってそれではない証拠には、一方には今なお昔ながらに一氏一神の例が少なからぬのみか、他の一方には氏人の感覚が、なお集合した氏神にも相続せられているのであります。（『神道と民俗学』）

神社は歴史的にたえず統廃合されてきた。しかし、柳田の考えでは、神社は根本的に氏神信仰、つまり、祖霊信仰にある。つまり、どんなに統廃合されても、それは祖霊信仰を保持するものでなければならない。しかるに、政府の神社合祀令は、全国の神社をまとめて国家神道の下に統制することを目指している。それに対して、柳田は、各家の祖霊信仰に立ち戻ることを主張したのである。

柳田のこのような主張は、彼が明治国家の農業政策に反対したときに述べたことと平行している。彼は「富国強兵」の下での農本主義（農村保護）に反対し、協同自助の産業組合を創ろうとした。神社合祀令は、いわば「富国強兵」の宗教版である。それによって、廃れてきた各地の神社は保護され、大きく壮麗に整備されるだろう。しかし、柳田から見れば、それは固有信仰の消滅にほかならない。一方、彼にとって望ましい神社合祀とは、小さな神社の連合する〝協同組合〟のようなものだといってよい。

「小さき者」へのまなざし

柳田はまた、祭の巨大化・壮麗化にも反対であった。祭は基本的に、小さく、静かで、真剣なものである。それが大がかりで派手なものになったとき、変質したのである。

日本の祭の最も重要な一つの変り目は何だったか。一言でいうと見物と称する群の発生、すなわち祭の参加者の中に、信仰を共にせざる人々、言わばただ審美的の立場から、この行事を観望する者の現われたことであろう。それが都会の生活を花やかにもすれば、我々の幼い日の記念を楽しくもしたとともに、神社を中核とした信仰の統一はやや毀《こわ》れ、しまいには村に住みながらも祭はただ眺めるものと、考えるような気風をも養ったのである。

（『日本の祭』）

祭が巨大化するのは、人々が祭の当事者ではなく、見物人となったからである。それはまた、人々がすでに家や共同体を出てしまっていることを意味する。同様のことが、神社が巨大化すること、あるいは国家神道の形成についていえる。そのようなところに、柳田がいう固有信仰は残っていない。

柳田国男が巨大化・壮麗化を嫌ったことは、祭や神社のことだけではない。柳田の視線は、つねに、小さく無名なものに注がれている。通常、歴史において子供が役割を果たすことはほとんどない。しかし、柳田国男の史学では、「小さき者」（児童）が重要なのである。

児童は私がなく、また多感であるゆえに、その能力の許す限りにおいて時代時代の文化を受け入れる。古く与えられたものでも印象の深さによって、これを千年・五百年の後に持ち伝えるとともに、いつでも新鮮なる感化には柔順であった。そうして常に幾分か親たちよりも遅く、無用になったものを棄てることにしていたらしい。ことに国語のうるわしい匂い・艶《つや》・うるおいなどは、かつて我々の親たちの感じたものを、今もまだ彼らだけは感じているように思う。こういうところに歴史を学ぼうとする者の反省の種が潜んでいる。　　　　　　　　　　　　　　　　（『こども風土記』）

そこで、柳田国男はつぎのようにいう。《小児が我々の未来であるとともに、一方にはまたなつかしい眼の前の歴史、保存せられている我々の過去でもあったことは、国内各地の言葉を比べてみていると、自然に誰にでも気がつきます》（『小さき者の声』）。同様に、祖霊を祭る神社は小さい。が、むしろ、それゆえに、そこに固有信仰が保存されるだけでなく、また、それがわれわれの未来を照らす、と柳田は考えたのである。

注

（1）吉野地方は南方熊楠が住んでいた南紀州に近い。それに関して、三浦佑之はいう。《柳田は、南方熊楠との論争のなかで、「山人」実在説を放棄する、あるいは放棄させられるかわりに、オオカミ論を展開しようとしたのではないかとさえ思えてくる。（中略）あるいは、山人論を無残にも叩きのめした南方熊楠に対する当てつけのように、オオカミ論は出現したのかもしれない。とすれば、「吉野人への書信」という副題の付いた「狼のゆくへ」は、南方熊楠に向けられた発言であったとも読める》（「オオカミはいかに論じられたか」『現代思想』二〇一二年一〇月臨時増刊号）。

（2）ショーン・エリスは幸い狼の群れには受け入れられたが、妻には逃げられた。狼と一緒に遠吠えをして妻を呼びかえそうとしたが、戻ってこなかった、という（『狼の群れと暮らした男』）。

第四章　固有信仰

1　新古学

神道の原始形態の探求

柳田国男は確かに、山人について書くのをやめ、次に狼について書くのをやめた。しかし、けっしてそれをあきらめてはいなかった。結論を先にいえば、彼はそれを「固有信仰」に求めようとしたのである。柳田がいう「固有信仰」は、稲作農民の社会では痕跡しか残っていない。それはむしろ、それ以前の焼畑狩猟民の段階に存在したものである。ゆえに、固有信仰を求めることは、実は、山人を求めることにほかならない。

このような固有信仰を探求する時点で、柳田の民俗学は神道史研究と重なる。《民俗学はむしろ神道史研究を志す学問、もしくは神道史もまた民俗学の重要なる項目の一つなのであります》。《今後いかなる分業が民俗学の中に行われようとも、この根源の一つの問題すなわち家と先祖の祭ということだけには、すべての研究者の関心が集注せざるを得ぬのであります。それが日本で言えば神道史の研究になるのですから、これを民俗学の領分の外と見ては、承知せぬ者の多いのは当然であります》（『神道と民俗学』）。

ヨーロッパの民俗学は、実際は、キリスト教以前の信仰状態を探ることと結びついていた。柳田はそのことをハイネから学んだ。柳田は「日本神道の原始形態を、全力を尽して尋ね求めること」（『日本の祭』）を試みた。が、彼がこのような問題に関心を抱いたのは、ハイネを読む以前からであり、すでに述べたように、子供のころからである。彼の父、松岡約斎は中年になって平田派の神官となった人であった。しかし、柳田は平田派の神道には賛同しなかった。柳田はいう。《平田の神道はでき得る限り外国の分子を排除するばかりでなく、さらに進んでこちらから侵略的態度に出で、天竺の神も大己貴《おおなむち》、少彦名《すくなびこな》であるとか、支那の大乙神もまた高皇産霊尊《たかみむすびのみこと》の御事であるというようなことを言って、空なる世界統一論者に悦ばれました》（「神道私見」）。

その意味で、柳田国男は平田篤胤よりも本居宣長に近いといえる。宣長は儒教・道教を「漢意《からごころ》」、仏教を「仏ごころ」として批判した。が、同時に、彼は日本の神道をも「漢意」に染まっていると批判したのである。神道学者らがいう日本固有の「神道」は、実は、仏教や道教・儒教から得た理論を用いて体系化したものにすぎない。神道は、そのような理論ではなく、「事実」、いいかえれば現実に人が生きている有り様に見出されなければならない。そこで、宣長は「古《いにしえ》の道」を、『古事記』に見出そうとした。彼は自らの学問をたんに「古学」と呼んだ。それを「国学」にしたのが平田篤胤である。

柳田の宣長批判

ただ、柳田の考えでは、宣長にも重大な欠陥がある。それは文献だけに頼った、ということである。宣長は『玉勝間』でつぎのように書いている。《詞のみにもあらず。万づのしわざにも片田舎には、古へざまのみやびたる事の残れるたぐひ多し。（中略）いづこにもやうやうに古き事の失せ行くは、いと口惜しきわざなり》。つまり、宣長も民俗学的研究の可能性に気づいていた。にもかかわらず、「その生涯を古典訓詁の業に傾け尽し」たことを、柳田は「訝し」いという（『郷土生活の研究法』）。

たとえば、古来、日本では人が死んだら黄泉の国、根の国、つまり、地底の国に行くと考えられている。しかし、柳田によれば、それは漢字を当てたために生じた誤解である。たとえば、ネは、沖縄ではニライと呼ばれるものに対応し、海の向こうの世界を意味する。

ところが、ネを根と記述した結果、地底の世界だと考えられるようになった。柳田はつぎのようにいう。《根の国を暗いつめたい土の底と考えるなどは、一種神道家の哲学とも名づくべきもので、彼等は死者の穢《けが》れを厭《いと》うあまりに、この解説を仏者に委《ゆだ》ね去り、清い霊魂の問題に対してまで、時代に相応するだけの研究をし終《おお》せなかったように思う》(「鼠の浄土」『海上の道』所収)。

柳田によれば、本居宣長は、ソコは底ではなく「遠いこの世の果てにある国」という意味ではないか、と考えた。しかし、漢意による「古の道」の歪曲を丹念に斥けようとしていたにもかかわらず、この点では、彼はそれを免れることができなかった。それは文献だけで考えようとしたからである。たとえば、宣長は、仏教で悟りを得たから、あるいは救済を信じるから、もはや死に拘泥しないというのは、漢意的な欺瞞であるという。人が死ねば、黄泉の国（根の国）に行く、したがって、死ぬことはたんに悲しい、というべきだ、と。しかし、宣長自身は浄土教の門徒であり、死後、魂が地底に留まるとは考えていなかったはずである。皮肉にも、そのほうがむしろ「古の道」に近い考えなのだ。

宣長とは対照的に、平田篤胤は、文献以外の方法をとろうとした。たとえば、霊能者からの聞き書きなどを進んでおこなった。その意味では、柳田は篤胤に近いといえるが、根本的な態度においては宣長の「古学」を受け継いだ。柳田の学問は、いわば、民俗学的方法による古学ということができる。彼が自らの仕事を「新国学」と呼んだとき、そのような含意があった。ただ正確を期すなら、柳田国男の民俗学＝史学は、「新国学」というより「新古学」と呼ぶべきだろう。

固有信仰と仏教

国学者や神道学者と柳田の重要な違いは次の点にある。柳田は、固有信仰が仏教によって消されたとか、歪められたとは考えなかった。むしろ、固有信仰の側に生じた綻びあるいは欠落を、仏教が補塡《ほてん》したと考えたのである。たとえば、彼の考えでは、固有信仰には個人各自の信心、あるいは個人祈願はなかった。

個人各自の信心というものが、人生のために必要だという経験は、通例仏教によって得たもののように説かれているが、私などはむしろ人が家郷の地を出てあるくということが、もっと大きな機会であったろうとまで想像している。少なくとも一門一郷党が集合して、氏の神だけをお祭り申している間は、そういう一種の抜け駆けのような祈願は、もとは試みる余地はなかったはずである。

（『日本の祭』）

「人が家郷の地を出てあるく」とき、つまり、人が共同体から離脱した個人として生きるとき、これまでの信仰では不足が生じる。「個人各自の信心」が必要になる。その欠如を仏教が充たした、と柳田はいう。別の観点からいえば、仏教が日本に導入されたのは、大和朝廷が集権的な体制を作ろうとしたときである。氏族（氏神）を超えた神が必要となったからだ。要するに、日本にあった固有信仰が歪められたのは、仏教のせいではなくて、社会的な変化のせいである。固有信仰は一定の社会と不可分なのだ。ゆえに、仏教を否定したところで、固有信仰を取り戻せるわけがない。むしろ、固有信仰は仏教のおかげで何とか痕跡をとどめえたのである。

では、固有信仰はいかなる社会にあったのか。疑いないのは、それが国家以前の社会だということである。しかし、ここにジレンマがある。固有信仰は民俗学によってしか接近できない。と同時に、それは民俗学では接近できないものである。柳田自身が認めているように、民俗学によっては、一定の歴史的段階以前に遡行できないからだ。柳田は固有信仰について確信を抱いていたが、それを「証明」することはできないのである。そこから、柳田独特の苛立ち、癇癪、さらに自己韜晦が生じる。

たとえば、『先祖の話』でも、つぎのような言い方が幾度も出てくる。《いくらでも議論になる点であろうが、少なくともかつてそういう事実があったことだけは、私にはほぼ証明し得られる》。《その想像の当る当らぬは、やがて決定せられる日が来るであろう。今はもちろんどうかなと、危み疑う人があってすこしも差支えはない。ただこの問題と関係のある若干の事実に、耳を潰《つぶ》していられては困るだけである》。《記録にいくらでも証拠があるだけでなく、現在も古風な人々は、まだこの感覚をはっきりと持っている》。《こういう類例は捜せばまだまだあるが、あまりしつこいからもうこのくらいにしておく。しかしこれだけの場合を見渡しても……》。《だいたいにこの書物には、現在ほぼ明らかになっていることだけを書くつもりで、単なる空想はもちろん、まだ研究中というものも載せないことにしているのだが……》。《信ずると信じないとは人々の自由であるが、この事実を知るというまでは我々の役目である》。

さらに、『神道と民俗学』で、柳田はいう。《これは理論でなく、一つのかつてあった事実を説こうとしているのです。世間にはしばしばこうでなくてはならぬと、信じさせようとする先達《せんだつ》がありますけども、私のは証拠があります。もとよりこの証拠もまだ不十分で、事実を確かめようと思えば、もっと集めなければなりませんが、少なくともこう解してよい史料が伝わっています》。また、『祭礼と世間』では、つぎのようにいう。《我々の親たちの信仰に従えば、神輿の中には神様が乗っておられる。これは事実であって、詩でもなく空想でもない》。《右のごとき言伝えの真偽については、自分は別に学者の鑑定を乞いたいとも思わぬ》。

2　固有信仰

祖霊と生者の相互的信頼

柳田国男が推定する固有信仰は、簡単にいうと、つぎのようなものである。人は死ぬと御霊《みたま》になるのだが、死んで間もないときは、「荒みたま」である。すなわち、強い穢れをもつが、子孫の供養や祀りをうけて浄化されて、御霊となる。それは、初めは個別的であるが、一定の時間が経つと、一つの御霊に融けこむ。それが神（氏神）である。祖霊は、故郷の村里をのぞむ山の高みに昇って、子孫の家の繁盛を見守る。生と死の二つの世界の往来は自由である。祖霊は、盆や正月などにその家に招かれ共食し交流する存在となる。

御霊が、現世に生まれ変わってくることもある。
柳田がいう固有信仰は、以上のようなものだが、このような考えは、ありふれたものではない。日本人の多くは聞いたこともないはずである。現在はいうまでもなく、戦前の日本でも、死んだばかりの「荒みたま」を、それがやがて融けこむ祖霊（神）と同時に祀るようになっていた。しかも、その場合、近年に死んだ身近な先祖のほうが大切とされ、それを祀るついでに、総体としての先祖が祀られる。また、先祖というと、父系の先祖だけが考えられている。また、一故人のための法要が何回も行われる。固有信仰では、そのような霊はすでに祖霊集団に融けこんでしまっているはずなのだが。また、かつて有名・有力だった先祖が重視される。そのため、いつまでも祀られる特別な魂と、そうでないものとが差別されるようになる。

家で先祖の霊を一人一人、その何十年目かの年忌ごとに祭るということは、いかにも鄭重なように見えて、その実は行き届かぬことであった。家が旧くなり亡者の数が多くなると、短い生涯の主人などは時々は無視せられることがある。ましてや子もなく分家もせぬうちに、世を去った兄弟のごときは、どんなに働いて家のためまた国のために尽していても、たいていはいわゆる無縁様になってしまうのであった。それを歎かわしく思ったためでもあるまいが、以前の日本人の先祖に対する考え方は、幸いにしてそういう差別待遇はせずに、人は亡くなってある年限を過ぎると、それから後は御先祖さま、またはみたま様という一つの尊い霊体に、融け込んでしまうものとしていたようである。

（『先祖の話』）

柳田がいう固有信仰の特徴は次の点にある。第一に、祖霊は、血縁関係の遠近、養子や結婚による縁組、あるいは、生きていたときの力や貢献度とは関係がなく、平等に扱われる。その者が家に何らかの関係をもつのであれば、祖霊の中に入れられる。第二に、死後の世界と生の世界の間に、往来が自由である。生者が祖霊を祀るとともに、祖霊も生者を見守る。霊が生まれ変わってくることもある。

顕幽二つの世界が日本では互いに近く親しかったことを説くために、最後になお一つ、言い落してはならぬのは生まれ代り、すなわち時々の訪問招待とは別に、魂がこの世へ復帰するという信仰である。これは漢土にも夙《はや》くから濃く行われている民間の言い伝えであり、仏教はもとより転生をその特色の一つとしているのだが、そういう経典の支援があるということは、必ずしも古くあるものの保持に役立たず、かえって斯邦《しほう》だけに限られているものを、不明にした嫌いがないでもない。（同前）

柳田がいう固有信仰の核心は、祖霊と生者の相互的信頼にある。それは互酬的な関係ではなく、いわば愛にもとづく関係である。柳田が特に重視したのは、祖霊がどこにでも行けるにもかかわらず、生者のいる所から離れないということである。このような先祖崇拝は日本に固有のものだ、と彼は考えた。では、これは世界各地にある先祖崇拝とどう異なるのか。

互酬制と敵対性

死者が祖霊になるのに一定の時間がかかり、また、そのためには子孫の供養が必要だという考えは、どこでも共通している。だから、子孫が不可欠なのである。西アフリカのタレンシ族を調査したマイヤー・フォーテスは、こう述べている。《タレンシたちにとっても、人生における最大の不幸は、自分のために葬式を営み、出自に基づいて家系を継いでくれる息子を残さずに死ぬことで、この不幸に比べれば、死そのものなど問題にもならない》（『祖先崇拝の論理』）。

祖先崇拝は子孫の「孝行」にもとづいている。フォーテスはいう。《葬式は両親を祖霊に変身させる最初のステップであり、そもそも祖先崇拝は本質的に孝行の宗教化に他ならない》（同前）。しかし、孝行は一方的に子供に課された義務なのではない。《親子の関係は、全く一方的というのではない。というのは、子供がいかに悪いことをしようと、親の方も子を拒否出来ないという、同様に不変の道徳律があって、私の観察したところ、こちらの方も非常に忠実に守られているからである。孝行というものは、実際、親子双方の相手に対する愛情とか、絆とか、義務とかが入りまじった、互酬的関係なのである》（同前）。

儒教の場合、孝は、家父長制にもとづくものであるが、孔子はそれを互酬的なものとして見ていた。孝は子にだけ課される義務ではなく、父もその義務を負う。たとえば、「（犯罪を）父は子の為《ため》に隠し、子は父の為に隠す」（『論語』）と孔子はいう。しかし、家父長制社会においてはいうまでもないが、タレンシの場合でも、親と子の間には敵対性、攻撃性が潜在しており、それが孝としての互酬制によって抑制されている。

ところが、柳田がいう固有信仰では、祖霊と子孫の間の相互性にはそのような敵対性がひそんでいるようには見えない。また、その関係は互酬的なものではない。たとえば、祖霊は近くにとどまって子孫を見守るのだが、子孫の祀りや供養に応えてそうするのではない。自発的にそうするのだ。

私がこの本の中で力を入れて説きたいと思う一つの点は、日本人の死後の観念、すなわち霊は永久にこの国土のうちに留まって、そう遠方へは行ってしまわないという信仰が、おそらくは世の始めから、少なくとも今日まで、かなり根強くまだ持ち続けられているということである。これがいずれの外来宗教の教理とも、明白に喰い違った重要な点であると思うのだが、どういう上手な説き方をしたものか、二つを突き合せてどちらが本当かというような論争はついに起らずに、ただ何となくそこを曙染《あけぼのぞめ》のようにぼかしていた。

(『先祖の話』)

空と海とはただ一続きの広い通路であり、霊はその間を自由に去来したのでもあろうが、それでもなおこの国土を離れ去って、遠く渡って行こうという蓬萊《ほうらい》の島を、まだ我々はよそにもってはいなかった。一言葉でいうならば、それはどこまでもこの国を愛

していたからであろうと思う。（同前）

柳田がいう固有信仰では、神は祖霊らの力の融合である。それは、個別的な霊がなくなることを意味するのではない。個別的な霊は融合しながらも、個別のままで残る。さもなければ、生まれ変わって来ることができないだろう。しかし、祖霊は多数的でありながら、同時に、一つに融合している。

一方、タレンシ族では、祖霊らはつぎのようにふるまう。《祖霊たちの力は多様に交錯し、崇拝する者たちに勝手な要求をして、予想し難く競争し合っていると考えられている。実は、まことに注目に値することなのだが、これがタレンシ日常生活において、一種の安全装置の役割を果たしているのである》（『祖先崇拝の論理』）。また、祖霊は子孫に対して超越的な立場に立つ。《タレンシたちにとって、祖先は最後の審判の裁き手であり、人間の生死の問題に関しても最終的権威者であることを、我々は忘れてはならない。死は普通、先祖たちの仕業とされる》（同前）。

このような祖霊の振る舞いは、他界ではなく、現世の社会に原因がある。タレンシ族に関して明らかなのは、それが父系的なリネージ（出自）にもとづく氏族社会であり、富と力の差異や葛藤が潜在する社会だということである。それが父と子の葛藤、すなわちエディプス的問題をもたらすのである。

では、母系制の場合はどうか。南太平洋トロブリアンドの母系制社会を論じたマリノウスキーは、そこにエディプス・コンプレクスが存在しないと主張した。たとえば、そこでは、父親が妊娠の原因であるという知識が欠けている、という。しかし、メルフォード・スパイロは、この無知は、父親の介入を〝否認〟することであり、「父親に対する敵対の表現」であるという（『母系社会のエディプス』）。したがって、母系制においても、父系制と同様に、祖霊信仰は父と子の葛藤を反映することになる。

一九世紀半ば、バッハオーフェンやモルガン以来、人類社会が本来母系的・母権的であったという考えが支配的になった。それは家父長制に対する批判として歓迎されたが、この見方は、人類学的調査が進むとともに、疑われるようになった。第一に、母系と母権を区別しなければならない。母系制社会に必ず母権制があるわけではない。そこでは、むしろ男が政治経済的実権をもつ場合が多いのだ。だから、母系制においても父と子の葛藤が存在するのである。第二に、母系制が人類にとって最初の形態であるとはいえない。テクノロジーの面で見て最も未開であると見える社会でも、母系と父系とがあり、さらに、そのどちらでもないものが多い。特に、遊動的な狩猟採集民のバンド社会では、出自（リネージ）による組織化がない。

固有信仰と遊動民の社会

では、柳田国男がいう日本の固有信仰で、そのような敵対性あるいは互酬性が見られないのはなぜか。この理由を、母系的な社会があったということに求めることはできない。後述するように、古代日本に母系制はなかったからだ。私の考えでは、柳田のいう固有信仰は、出自によって組織される以前の遊動民社会にもとづくものである。母系であれ、父系であれ、出自による集団の組織化は、定住段階に始まった、と考えられる。定住とともに、多数の他者との共存、さらに、不可避的に生じる蓄積、そして、それがもたらす社会的不平等や対立を、互酬的な縛りによって抑えるようになった。だから、そこには、愛があると同時に敵対性があるのだ。

ここから見ると、柳田国男のいう固有信仰の背景には、富と権力の不平等や葛藤がないような社会があった、と推定することができる。それは水田稲作農民の共同体ではなく、それ以前の遊動民の社会である。それはたとえば、柳田が椎葉村で見た焼畑狩猟民のようなものである。しかし、この問題にかんして、柳田の民俗学ではそれ以上、接近できない。そこで私は、東南アジアでの調査にもとづく内堀基光・山下晋司の『死の人類学』を参照したい。これは対照的な二部族の調査からなっている。一つは、ボルネオ島のイバン族であり、もう一つは、スラウェシ（セレベス島）のトラジャ族である。前者は焼畑移動民で、母系でも父系でもない、つまり、双系制の社会であり、後者は水田農業民で父系制の社会である。先ず、イバン族の社会は、流動的で平等主義的である。そのことは、死者が行く他界にも反映される。

> すべてのイバンは、その生前の倫理的資質、行い、あるいは死に方の違いによらず、死後は等しく死霊の世界に移り住む。そこには個人間の差異を強調するようなものはない。それでは、こうした他界観を平等化する他界観と呼んでよいであろうか。こう呼ぶことには異論があろう。イバン社会が平等主義的な社会であるかぎり、死霊の世界の様相は現実の社会の単なる反映、それもいささか想像力を欠いた反映とみたほうがよいのかもしれないのである。
>
> （『死の人類学』、傍点原文）

一方、トラジャ族の場合、他界観はそれと対照的である。《平等主義的なイバンとは異なり、トラジャは、地位社会であって、死と死者儀礼のありようは、死者の社会的地位に大きく左右される。葬儀とは地位をめぐる一種のゲームであって、トラジャにおいて死を論ずることは、死者の社会的地位、威信、富、つまるところ死者をめぐって社会全体を論ずることとなのだ》(同前)。

この対比から見ると、柳田国男のいう固有信仰がイバン型であることは明らかであろう。日本で古代国家が形成される段階では、すでにトラジャ型が支配的となり、イバン型の社会は山地に追いやられた。それが柳田のいう「山人」である。とすれば、柳田が固有信仰を追求することは、別のかたちで「山人」を追求することにほかならない。そして、柳田がいう固有信仰は、稲作農耕民以前の狩猟採集民に遡るものである[1]。

3　祖霊信仰と双系制

母系制への疑念

柳田国男がいう固有信仰が遊動民的な社会にもとづくものだとしたら、それは、今や痕跡としてしか残っていない。しかし、ある意味で、それが歴史的にも存続している面がある。それは母系でも父系でもない、双系制という特徴に示される。ここで、日本の婚姻制について考えておこう。

柳田国男は「聟入考《むこいりこう》」（一九二九年）で、嫁入より前に聟入がなされた、と主張した。嫁入という言葉自体が、聟入にもとづいてできたものだ。別の言い方をすれば、婚姻はまず、妻方居住婚として始まるが、その後、夫方居住婚に移るということである。このように、柳田は聟入や妻問、すなわち、妻方居住婚の事実を認めた。が、重要なのは、彼がそこから、母系制という結論を引き出さなかったことである。

そのことで柳田を批判したのが、「招婿婚《しょうせいこん》」（妻問婚）の事例を多数考察し、母系制の存在を主張した高群逸枝である。高群によれば、柳田が指摘している「聟入」は、室町時代ごろに成立した擬制婿取期の婚姻形態である。《こんにちの民俗の上に、遺存形態となっているものには、この期の婚姻形態のそれがもっとも多く（中略）「聟入考」の柳田氏説なども、主としてこの期の婚姻形態に立脚してたてられているといえる。（中略）婚姻開始を女家でして、その後は通ったり、時には住み込んだりしながらも、けっきょくは男家（中略）に迎えられるという（中略）じつにそれは、この期—擬制婿取期—の婚姻形態以外ではないのである》（『招婿婚の研究』）。したがって、それ以前には母系制があった、と高群はいう。

柳田自身、民俗学＝史学では室町時代以前に遡れないことを認めている。しかし、それ以前に母系制が先行したという高群の説には賛同しなかった。そのため、一九七〇年代に、村上信彦のようなフェミニストによって時代遅れとして批判された。《皮肉なことに、民間習俗にたいする史学の怠慢を痛烈に攻撃した柳田民俗学は、婚制という歴史的課題で史学を無視したために心ならずも推測に走り独断を冒し、みじめな混乱に陥ったのである》（『高群逸枝と柳田国男』）。

しかし、村上信彦が柳田国男を批判していたのと同じ時期に、社会人類学や古代史学では、日本の婚制に関して大きな見方の変化が生じていた。それは東南アジアの人類学的研究にもとづくものであり、一言でいえば、日本の親族形態が母系でも父系でもなく、双系制であったという見方である。

先に述べたように、原始的な段階で母系制が先ずあり、それが父系制に移行したという説は成り立たない。どちらでもない状態が最初にあり、次に、単系（母系または父系）ないし双系というかたちをとったのである。次に、それらが、それぞれ家父長制に移行した。

家父長制は国家社会の段階に成立する。日本でいえば、大和朝廷が成立するころである。

ここで留意すべきなのは、家父長制への移行において、もとの親族形態がどうであるかによって違いが生じることだ。父系制から家父長制に移行する場合、移行はスムースになされるが、母系制から家父長制に移行する場合、大きな抵抗が生じる。つぎに、そのどちらでもない双系制は、時に母系制と似ており、時に父系制と似ている。したがって、それは、家父長制にスムースに移行できる面があると同時に、それに対する抵抗が残る面がある。したがって、親族形態は多様なかたちをとる。

母系か父系か双系か

日本の場合について、吉田孝はこういっている。《古代の日本列島には、おそらく多様な形態の親族組織が並存していたと想定されるが、残存する文献史料の大部分は、畿内地方を中心とし、稲作を主たる生業とする社会に関するものである》。《しかし古代日本語の親族名称やインセスト・タブー（近親相姦の禁忌）から推定される一般的な親族組織のあり方は、双系的な性格を強く示している》（『律令国家と古代の社会』）。

高群は「招婿婚」の事例から母系制が存在したことを証明できると考えたが、柳田はその説に賛成しなかった。彼は、室町以前の社会に招婿婚があるとしても、それは母系制ではない、と感じていた。しかし、彼は、高群がそう受けとめたように、父系制（嫁入婚）が先行することを主張したのではない。柳田は「聟入考」において、父系制の先行という見方を否定したが、だからといって、それは母系制が先行したということにはならない、と考えたのだ。むろん、柳田には双系制という考えはなかった。しかし、ある意味で、それを予想していたといえる。(2)

多くの母系制社会では、実際は、政治的な権力は男に握られている。一方、双系制社会では、男女の力が平等であることが多い。そこを見て、もともと母系制があったと推定するのは誤りである。たとえば、民俗学者宮本常一は、東日本には父系制、西日本には母系制がある、と主張した（『庶民の発見』一九六一年）。これは結局、高群逸枝と同じ考えであり、ただ東日本は違う、ということをつけ加えただけである。高群は文献資料に依拠したため、必然的に資料の多い西日本を中心に考えた。ゆえに、東日本は違うといえるかもしれない。網野善彦は『東と西の語る日本の歴史』（一九八二年）の後記に、「東の父系制に対する西の母系制という、宮本氏の大胆な指摘が強く印象に残」ったと記している。

ところが、約二〇年後に、網野は、東日本にやや父系的傾向があるとはいえ、全体として日本社会は双系制的であった、と修正している（『「日本」とは何か』）。この修正は、東南アジアの人類学的調査によってもたらされたのである。このような経緯をふりかえると、柳田国男が高群逸枝の主張に同調しなかったことは、むしろ驚嘆に値する。おそらく彼は、豊富な民俗学的調査の経験から、母系でも父系でもない何かを感じとっていたのだ。実際、彼が「家」や「祖霊」に関して考えた事柄の多くは、双系的なものを予想させる。

4　「場」としての家

日本の根底にある双系制

『先祖の話』の最後で、柳田は、政治家は理解しないだろうといいながら、一つの政策を提言する。それは、戦争で死んだ若者は子供がいないから、先祖にはなれない、そこで、死者の養子となることで、彼らを先祖（初祖）にするようにせよ、というものである。《新たに国難に身を捧げた者を初祖とした家が、数多くできるということも、もう一度この固有の生死観を振作せしめる一つの機会であるかも知れぬ》。

死者の養子になることは、「固有の生死観」（固有信仰）にある、と柳田はいう。しかし、これは、祖先崇拝において一般に見られるものではない。先に、日本の固有信仰の特徴として、養子や結婚による縁があるとか、さらに、その者が家に何らかの関係をもつのであれば、祖霊の中に入れられるということを述べた。これはおそらく、双系制と関連している。双系制社会では、先祖に関する見方が単系制社会と異なるのだ。単系制では、父系であろうと母系であろうと、先祖は一つである。それを目印にして、集団が組織される。しかるに、双系制では、出自が何であれ、今人が帰属する場が大事である。「家」がそのような場である。

先に「公民の民俗学」に関して述べたように、柳田はオヤ・コを労働組織として見た。「コによる労働組織が服従関係にあるに対して、対等の相助組織であった」のが、ユイである（『郷土生活の研究法』）。今も、親分・子分という言い方が残っているが、それは労働組織を擬似家族的にするものであるかに見える。しかし、実はその逆である。オヤとコは本来、親分と子分の意味であった（「親方子方」）。父や母は、ウミノオヤ、つまりオヤの一種である。父母をオヤと呼ぶのは、家を労働組織と見なすことである。ゆえに、家は血縁的であるよりも、労働組織である。祖霊についても同様のことがいえる。祖霊はオヤであり子孫はコであるが、両者に必ずしも血のつながりは必要ではない。

日本で養子制が一般に認められているのはそのためである。吉田孝はこう述べている。《日本の社会の基底にあった双系的な社会組織は、婿養子によるイエの継承を容易とし、日本的なイエ制度をうみだす基盤となった》（『律令国家と古代の社会』）。この養子制は、日本社会の階層的モビリティを可能にした。徳川時代のように厳重な身分制があっても、それを養子縁組によって超えるのは容易であった。

たとえば、勝海舟は徳川時代末期に幕府の最高実力者であったが、その曾祖父は新潟の水呑百姓の生まれで、且つ、盲人であり、盲人の特権として許された金融業に従事し、旗本の株を買って武士となったのである。柳田はつぎのようにいっている。

ことに面白いのは江戸でも大阪でも商家に養子の制度が盛んに行われた事で、この風延《ひ》いては今日にまで伝わり、田舎者の事務に熟練して腹のしっかりした者は、年々引き上げられて大家の相続人になった。つまり以前の商業が特別の伎倆、尋常以上の人格を要求したので、自然と男子を捨てて女婿《じょせい》に相続をさせる必要が生じたのである。

（「家の話」）

「家」の存続のために、〝母系制〟が生れたのである。この場合、実務的な権力を男がもつことはいうまでもない[3]。

このような母系制が可能となったのは、根底に双系制があるからだ。双系制が、出自・血縁よりも「家」を、いいかえれば「人」よりも「法人」を優位におく考えをもたらしたのだ。たとえば、中国では、家族成員になれるのは血縁だけであって、養子縁組の観念はなじまない。そして、財産の相続に関して、均等分配がふつうである。

日本では、長子相続が厳密に法制化されたのは一八九八年であるが、そのような傾向は、鎌倉中期以後に広がった。それ以前は分割相続が普通であったが、分割すると財産は縮小してしまうから、「家」を維持するために、長子相続制がとられるようになったのである。しかし、これは明治時代の家父長制とは異なる。たとえば、柳田は近年まで末子相続制が残っていることを指摘して、つぎのようにいっている。

日本には各地の漁村にもその例があるが、信州諏訪などのも次々の新墾地を、長男次男にと与え行くゆえに、結局末の児が自然に元の屋敷に残ることになっただけである。だから一方にはそれと反対の順序に、新しく開いた土地へ次男以下を連れて出て行くものもある。つまりは双方とも分割相続の一方法なのである。

（『日本の祭』）

末子相続も長子相続も分割相続の形態である。ただ、新たな開墾地がなくなると、一般に長子相続制がとられるようになる。その場合でも、「長子」は女性あるいは養子でもよかった。つまり、日本の場合、外見上、家父長制が成立しても、その根底に双系制が存続しているというべきである。(4)

このことは、近世の日本で、家父長制の建前があるにもかかわらず、女性が強い力をもってきた理由を説明するものである。たとえば、女性はヌシ、オカミ、刀自《とじ》などと呼ばれて権威をもっていた。《女は弱い者という教訓があったけれども、一方主婦だけは家の内で、ヌシと呼ばれてもよい地位を確保し、男の家族をも指図することができたのである。家が小さくなってその権能も働かず、亭主が炉端にがんばるような時代が来て、泣きごとと溜息とがオカミさんの主業のようになったのは変遷で、名称はたまたま昔の名残を留めているのである》（『家閑談』）。

主婦が一家を仕切ったのは、イエが労働組織だからである。その場合、核家族のようなものを考えてはならない。柳田は、「日本前代の農業労働組織が、今まで普通に考えられていたよりもはるかに複雑な合同式のものであって、それが最近の純なる家族主義、他人交えずの各戸生産に移って行こうとしつつ」あるという（同前）。そのような労働組織であるからこそ、そのなかで主婦がオヤとして采配をふるったのである。したがって、女性が力をもったのは、母系制の名残なのではなく、双系制の結果である。一方、労働組織でない武士の家では、主婦が力をもつことはなかった。そして、明治以後の家では、武家のあり方が標準化されていったのである。

血縁と無関係の「先祖」

中根千枝は『タテ社会の人間関係』でつぎのように述べた。社会集団の構成の原理として、資格と場の二つがある。「資格」は個人についてまわる一定の属性であり、「場」は、個人が属す集団である。その場合、日本人の集団意識では、「資格」より「場」が重視される。たとえば、個人の技術や資格より、どのような家や大学や会社に属するかが重視される。そこから、「タテ社会」が生まれるというのである。しかし、中根はこれがいかにして生じたのかを問わなかった。私の考えでは、「場」を優越させる考えは、双系制に由来するのである。それはまた、ポジティブな面とネガティブな面をあわせもつ。

血統よりも「家」を重視する考え方は、ある意味で、人々を血の束縛、身分階層の拘束から自由にする。しかし、他方で、それは人々をオヤに従属させる。つまり、生みの親よりも、「親分」のほうが大事なのだ。たとえば、儒教では「孝」が重視され、「忠」よりも上に置かれる。しかし、日本では、孝と忠が争えば、文句なしに忠が優位に置かれる。それは必ずしも孝を否定することではない。忠はある意味で、オヤ（親分）への孝だからだ。儒教では、親に対する孝は、公権力に抵抗する原理ともなりうる。だが、日本の儒教では、孝は、公権力（オヤ）への服従を正当化することにしかならない。この意味で、日本に本来の儒教が根づくことはなかった。(5)

双系制は、家を血のつながりから独立させる。このことは、柳田がいう固有信仰の特性とも関連する。固有信仰では、父系と母系は区別されず、いずれも先祖と見なされる。しかも、このことはたんに、両方を先祖にいれるにとどまらない。むしろ、先祖を血縁と無関係に考えることになる。たとえば、血のつながりがなくても、何らかの「縁」あるいは「愛」があれば、先祖とみなされる。逆にいうと、養子制が一般に承認されたのも、このような先祖観があったからである。日本では「遠い親戚より近い他人」という考えが一般的である。それは、祖霊に関してもあてはまる。「近い他人」が先祖となりうるのだ。

したがって、柳田国男が『先祖の話』で、戦死した若者の養子となることで彼らを初祖にすることを提唱したのは、奇矯なことではなかった。もともと、次・三男が本家から分家して初祖となることはありふれていた。大事なのは、死者を祀る子孫がいることであって、それが養子であっても構わない。血のつながりのない人たちが、オヤ・コ、あるいは先祖・子孫となるのは、珍しいことではない。柳田自身、柳田家に入った養子として、祖霊を祀ったのである。

5　折口信夫と柳田国男

神道の普遍宗教化

以上、日本の社会とその歴史を理解するために、柳田国男の理論が役立つことを述べた。しかし、柳田の関心はあくまで固有信仰にあった。民俗学は、それを探る方法にほかならなかった。柳田の特異性は、彼の弟子であり、同様に神道と民俗学について考えていた折口信夫と比較することで明らかになるだろう。柳田と違って、折口は敗戦をまったく予期しておらず、一九四五年夏になって、つぎのように考えた。

昭和二十年の夏のことでした。／まさか、終戦のみじめな事実が、日々刻々に近寄っていようとは考えもつきませんでしたが、その或日、ふっと或啓示が胸に浮んで来るような気持ちがして、愕然と致しました。それは、あめりかの青年たちがひょっとすると、あのえるされむを回復するためにあれだけの努力を費した、十字軍における彼らの祖先の情熱をもって、この戦争に努力しているのではなかろうか、もしそうだったら、われわれは、この戦争に勝ち目があるだろうかという、静かな反省が起って来ました。

（「神道の新しい方向」『折口信夫天皇論集』、傍線原文）

実は、右のような「啓示」は、折口自身のものではない。折口は別の論文でこう記している。終戦前にキリスト教牧師の集団に頼まれて古典の話をしに行ったとき、彼らから、記紀にあらわれている物語のあるものが旧約聖書の神話とほとんど同じだということを聞いた。さらに、彼らから、「あめりかの青年達は、我々と違って、この戦争にえるされむを回復する為に起された十字軍のような、非常な情熱を持ち初めているかもしれない」という詞を聞いて、「愕然とした」という（「神道宗教化の意義」、同前、傍線原文）。

敗戦後の折口の宗教論は、ユダヤ・キリスト教との類推、とりわけユダヤ教の起源から着想を得たものである。彼は日本の敗戦を「神の敗北」として見た。その結果、国家神道は棄てられ、現人神としての天皇が否定された。そのとき、折口はつぎのように考えた。

神様が敗れたということは、我々が宗教的な生活をせず、我々の行為が神に対する情熱を無視し、神を汚したから神の威力が発揮出来なかった、と言うことになる。つまり、神々に対する感謝と懺悔とが、足りなかったということであると思う。その神の敗北を考えて見ねば、神道の神様の本当の力を説明することは出来ないと思う。少くとも神をこのどん底に落したのは、我々神に仕える者が責任をとるべきだ。（同前）

このようにいうとき、彼の念頭にあったのは、先に述べたごとく、国家の滅亡の責任を神にではなく人間に求めた、バビロン捕囚時代のユダヤ人である。そこで、折口は、神道を「民族教」から「人類教」にしなければならない、と考えた。《神道は普遍化に大いに努力しなくてはならない。いすらえる・えじぷと地方に起った信仰がだんだん拡って、遂に今日のきりすと教にまでなったように、神道の中にある普遍化すべき要素を出来るだけ広めてゆくことは大切である》(「民族教より人類教へ」、同前、傍線原文)。

以上で明らかなように、折口は戦後、神道をキリスト教のような「人類教」にしようとしていたのである。《人類教と民族教とのお話をするのは他の宗教を圧倒せんとしているのではない。神道を世界に広めるのは世界を征服せんとしているものではなく、そんな考えは偶、先輩の国学者たちの研究が、一部の人達によって極端に解釈されて来たから起ったのである》(同前)。さらに、折口はいう。《日本人は祖先神と神様とを結びつけるという傾向があるが、これは誤りではないかと思う》(「神道宗教化の意義」)。これが、柳田国男への批判であることはいうまでもない。折口は、神道から、民族宗教的、先祖信仰的な面をとりされば、普遍宗教になると考えていた。

ユダヤ教はいかにして互酬的な関係を超えたのか

しかし、ここで疑問が幾つかある。第一に、普遍宗教であるためには、先祖信仰を否定しなければならないという考えに関してである。このような考えは一般的に存在するが、実は、そう簡単な話ではない。通常、先祖信仰は原始的宗教だと考えられているが、フォーテスは、先祖崇拝に呪術とは異なる宗教の本質を見出した。《タレンシ社会は、ロバートソン・スミスが『セム族の宗教』の中で、優れた直観力をもって描き出した「初期」宗教社会の範例《パラダイム》にぴったりだった》(『祖先崇拝の論理』)。ロバートソン・スミスによれば、宗教は、「不可知の力に対する漠然とした怖れからではなく、崇拝する者たちと強固な親族関係の絆で結ばれている既知の神々に対する愛情をこめた崇敬から」始まったという。

神が人を愛する、というような考えは、呪術や自然神信仰から来ることはない。ゆえに、それは先祖信仰から来るというほかない。もちろん、先祖信仰がそのまま普遍宗教となりうるわけではない。そもそも、先祖信仰は限られた氏族の間でしか存立できない。国家社会は、多数の氏族神を超えた超越的な神を必要とする。神の超越化は同時に、祭司・神官の地位を超越化する。神の超越性は、専制国家の成立とともにさらに強化され、世界帝国ではその極に達して、「世界神」が生じる。

だが、それが普遍宗教かといえば、そうではない。そこには「愛」が欠けている。つまり、神が人を愛する、および人が神を愛する、という関係が存在しない。セム族の宗教、すなわちユダヤ教にそれが存在するのは、そこに、先祖信仰が回復されているからだ。もちろん、それは先祖信仰のままではない。ここでは、先祖信仰がいわば〝高次元〟で回復されているのである。ゆえに、先祖信仰を否定すれば、普遍的になるというのは錯誤である。

では、どうして、そのようなことがセム族の宗教においてありえたのか。セム族の神のようなものはオリエントにはいくらもあった。セム族の神では、「神と人との契約」があった、といわれる。が、それは、部族の連合体を形成するにあたって神の下に誓約することであるから、セム族にかぎらない。ギリシアのポリスも、アポロンやアテネといった神との契約というかたちをとって形成されたのである。

このような契約は互酬的である。たとえば、人が神を信じ従うならば、神もまた人を助ける。その逆も成り立つ。したがって、神が人の信仰に対して十分に報いないならば、神は棄てられる。たとえば、国家が滅びるなら、人々は神を棄てる。多くの神がそのようにして棄てられてきた。セム族の場合も例外ではない。イスラエル王国が滅んだとき、多くの人々が神を棄てたのだ。ところが、ユダ王国が滅んで、バビロンの捕囚となった人々の間で、未曾有の出来事があった。人々は神を棄てなかった。国家の滅亡の責任を、神の側でなく人間の側に求めたのである。自分らの信仰が欠けていたことが、滅亡の原因である、と。

この時点で、神と人間の関係が根本的に変わった。それは、互酬的な関係が超えられたということである。人が神を愛し神が人を愛する、というような関係は、このとき、初めて生まれた。それが「神と人との契約」であるとすれば、それは古代に始まったのではなく、バビロンの捕囚となった時期に生じたのだ。ただ、それは、その後に編纂された聖書において、遡行的にモーセ神話に投射されたのである。だが、重要な転換点は、王国の滅亡という出来事にあった。

折口は先祖崇拝を否定し、教祖を待望した

折口信夫が、日本の敗戦＝神の敗北の中で、神道の再生、というより、神道の普遍宗教化を考えたとき、ユダヤ教の歴史を踏まえていたことは明白である。しかし、折口のいうことは、知的な類推にすぎない。彼はつぎの点を見ていない。たとえば、バビロンの捕囚時代、人々は商業に従事した。その意味で、彼らはカナンの定住農耕社会から、遊動民的な社会に戻ったのである。国家が滅亡したため、専制国家と結びついた祭司の権力は否定され、決定は人々の討議によってなされるようになった。こうした世俗的な社会的変化が、宗教的変化の裏にあったのだ。つまり、神と人の関係が変わったのは、人と人の関係が変わったからである。

しかるに、折口にとっては、宗教は神官のものであり、教義理論の問題であった。彼が新たな神道の理論を設計したのもそのためである。もちろん、彼はそれだけでは不十分であることを知っていた。真の変化をもたらすのは、神学者ではなく、預言者のような宗教的人格である。折口はいう。《宗教は自覚者が出て来ねばならぬので、そう註文通りには行かぬ。だからその教祖が現れて来なければ、我々の望むような宗教が現れて来ないのは当然だ》（「神道宗教化の意義」）。そこで、自分のような学者にできるのは、そのような教祖があらわれるのを待ちながら、それに備えて神学をうち立てることだ。教祖が出る前に神学体系を整備するというのは、奇妙な考えであるが、折口はつぎのようにいう。

仏教も、きりすと教も、その自覚者がうち立てたのではなく、その子や子孫が神学的に改造を加えている。それは我々の文化が進まない時に、そういう風になったから尊敬されるので、天理教などは、我々の文化を追いかけて来たから軽蔑されているのだ。だから我々はそうした自覚者が出て来た時に、それをうち立てるべき神学の為に勉強しなければならぬ。

日本の神道で問題になるのは、神道を宗教化すると、如何なる神が現れてくるかということだ。神道が一神教であるべきか、多神教であるべきかは、それは教祖がやるべきことであるけれど、我々はそれを予測する為に努力しなければならぬ。（同前、傍線原文）

実は、そのような教祖は戦後日本に出現した。たとえば、〝踊る宗教〟で有名な北村サヨがそうである。中山みき（天理教）、出口なお（大本教）に続いて、一介の農婦が教祖となったのは、ある意味で、神道が日本の社会的現実に根ざした宗教的活力をもっていたことを意味する。しかし、折口はそのような教派神道には関心を持たなかった。神道を国家神道の線で考えていたからだ。彼が敗戦を、「神敗れたまひぬ」という事態として受け取ったのは、神が国家神道の神であったからである。

折口はそこから神道人類教化を考えた。それは、神道から先祖崇拝の要素を取り除くことにほかならなかった。新たな神道を「世界に広める」と、折口はいう。彼がいう「神道人類教化」は、先ほど述べたバビロン捕囚におけるユダヤ教の成立過程とは、似て非なるものである。むしろ、それは、明治以後の富国強兵政策では敗北したから、今後は「文化国家」として再出発して世界の承認を得ようという、戦後の日本国家の方針と類似するものである。

折口の「神道人類教化」の提唱が何の影響力ももたなかったのは、たんに理論的であったからではない。むしろ、理論としての力をもたなかったからだ。それは、神道の普遍宗教化を論じながら、かつて普遍宗教を出現させた歴史的・社会的現実を見ることなく、たんにそれを教義理論の上でしか考えていなかったということである。

6　固有信仰と未来

二つの種類の神信心

柳田国男には、日本の敗戦によって「神やぶれたまふ」と感じることなどありえない。そもそも神は戦争などしない。敗北したのは日本国家であり、国家神道である。折口信夫の考えでは、神道の普遍化は、先祖信仰を否定することによって可能となる。が、柳田の考えはその逆である。神道の普遍化は先祖信仰によって、しかも、それを固有形態に遡行することによって可能となる。一見すると、折口信夫の意見は合理的でわかりやすい。柳田国男の意見は逆説的で不透明である。が、そこに深い洞察がある。たとえば、柳田はつぎのようにいう。

少なくとも二つの種類の神信心、すなわち一方は年齢男女から、願いの筋までをくだくだしく述べ立てて、神を揺《ゆさ》ぶらんばかりの熱請を凝らすに対して、他の一方にはひたすら神の照鑑《しょうかん》を信頼して疑わず、冥助《みょうじょ》の自然に厚かるべきことを期して、祭をただ宴集和楽の日として悦び迎えるものが、数においてはるかに多いということは、他にも原因はなおあろうが、主たる一つはこの先祖教の名残だからであり、なお一歩を進めて言うならば、人間があの世に入ってから後に、いかに長らえまた働くかということについて、かなり確実なる常識を養われていた結果に他ならぬと私は思っているのである。

（『先祖の話』）

彼がいう「二つの種類の神信心」は、ウェーバーによる神礼拝 Gottesdienst と神強制 Gotteszwang の区別に対応する。ウェーバーの考えでは、普遍宗教は神強制を越えるところに成立するのだが、実際には、神強制が今も執拗に残っている。たとえば、人が自分の願いを実現するために、神に祈るなら、神強制なのだ。ところが、柳田の見いだす「神信心」には、神強制がまったくない。それは、何もしなくても、神が悪いようにするはずがないと、人が信じているからである。

これに比べれば、仏教の方がはるかに神強制的である。鎮護国家をめざす奈良平安仏教はいうまでもないが、個人の成仏や悟りを目指す鎌倉仏教においても、事実上、神強制的である。それに対して、「ひたすら神の照鑑《しょうかん》を信頼して疑わず、冥助《みょうじょ》の自然に厚かるべきことを期して、祭をただ宴集和楽の日として悦び迎える」というような態度は、仏教においてもキリスト教においても、ほとんど信仰の至上の境地のように見える。

一般に、先祖崇拝は未開で呪術的なもので、それを克服したのが普遍宗教である、と考えられている。しかし、普遍宗教も呪術的でありうるし、現にそうなのだ、神仏に祈願することが神強制＝呪術であるならば。ところが、柳田が示したのは、神強制の要素がみじんもないような信仰である。さらに、ここには、祭司、神官、聖職者などが存在する余地がない。この信仰は「個人各自の信心」ではない。が、やはり、各人の信仰である。それは、多数の個別的な霊が一つに融合しながらもなお、個別のままであり、それぞれ個別の子孫と関係するのと対応している。(6)

だが、先祖信仰がどうしてこのようなものでありうるのか。父系制あるいは家父長制の場合、先祖信仰には敵対性、互酬性の要素が残る。柳田のいう固有信仰には、なぜそれがないのか。私は先に、それは双系制と関連すると述べた。しかし、もっと厳密にいえば、それは、出自による組織化が出現する以前の遊動民社会に由来するのである。だからこそ、固有信仰は普遍宗教的に見えるのだ。

現実の祖霊信仰に立脚した柳田

一九三一年以後、戦争の深化の中で、柳田国男は現実的な政策を断念し、「固有信仰」の探求に専心した。「日本神道の原始形態を、全力を尽して尋ね求め」ようとしたのである（『日本の祭』）。だが、それはたんに先祖信仰の原型を見出すことではなく、そこに普遍宗教を見出すことであった。彼にとって、固有信仰は遠い過去のものではなく、むしろ、来たるべき社会のものであった。また、固有信仰はたんに個人的救済の問題ではなく、社会経済の問題でもあった。敗戦が迫ったとき、柳田国男は一九二〇年代に企て挫折したさまざまな活動を戦後に再開することを考えていた。それらを突き詰めていくと、固有信仰の問題になる。ゆえに、彼は『先祖の話』を書いた。が、それはたんに、神道理論の問題ではありえない。

柳田国男が神を祖霊から考えたのに対して、折口信夫は、「マレビト」という概念、すなわち、神を外から来る他者として見る考えを唱えた。彼はそれを沖縄での調査から得たという。それに対して、柳田は折口との対談でこう述べた。それは折口が沖縄に行く前に、古典研究から得ていたものではないか、と（『折口信夫対話集』）。しかし、私は、それより前に、ユダヤ・キリスト教から得ていたのではないか、と思う。それはたんに、折口が聖書から学んだということではない(7)。たとえば、平田篤胤は漢訳聖書を読んで、神道の改革をおこなった。つまり、神道にはすでに仏教や儒教だけでなく、キリスト教が浸透していたのである。柳田はそのような神道理論を斥けていた。ここで、あらためて、柳田の平田神道批判を引用する。

古書その他外部の材料を取って現実の民間信仰を軽んじた点、村々における神に対する現実の思想を十分に代表しなかったという点においては、他の多くの神道と古今その弊《へい》を一にしているのであります。（中略）要するに神道の学者というものは、不自然な新説を吐いて一世を煙に巻いた者であります。決して日本の神社の信仰を代表しようとしたものではありませぬ。

（「神道私見」）

柳田国男が折口信夫に見出したのは、それと同じである。柳田はいう。《忌憚《きたん》なく言えば、折口君の考えられているのは、非常に精巧な原理だから、最初の日本人がそういうものを考え出すことは一朝一夕には出来なかったのではなかろうか。言葉を換えて言えば、或る単純な霊魂が先か、神が先かが問題になる》(『折口信夫対話集』)。ここから、単純な祖霊が先か、神(マレビト)が先か、というような神学的問題を引きだしてはならない。問題は、「村々における神に対する現実の思想」に立脚しているか否か、である。

インドで「固有信仰」を探求したオーロビンド

折口の考えでは、祖霊を廃棄すれば、神道が普遍化される。しかし、それは「現実」とは別に考えられた理論である(8)。逆に、柳田がなそうとしたのは、村々における現実の祖霊信仰から出発し、そこから固有信仰にいたること、さらに、そこに普遍宗教を透視することであった。こんなことは類例がないように見える。しかし、インドでほぼ同世代の思想家シュリ・オーロビンドがおこなったことは、柳田の企てと類似するといってよい。

オーロビンドはガンジーに先立ってイギリスからの独立運動を率いた者の一人であるが、

むしろ彼が創始した宗教的思想によって知られている。インドにおけるヒンドゥー教は、日本における神道に似ている。神道が、それまでに存在したプリミティブな宗教を仏教、儒教、道教にもとづき体系化して創ったものであるように、ヒンドゥー教は、一方で仏教に基づきつつ、土着的な宗教を体系化したものである。それは結果的に仏教を吸収した。近代では、キリスト教をも取り込んだ、日本で神道学者がそうしたように。また、日本の神道と同様に、ヒンドゥー教はインドのナショナリズムの基盤となった。

一方、オーロビンドはインド独立の精神的基礎を、当時のヒンドゥー教には求めなかった。それはもっと普遍的なものでなければならない。が、そのために、彼は、仏教やキリスト教にならってヒンドゥー教を「人類教化」するのではなく、古典の「ヴェーダ」に遡ろうとした。そこにインド的であるとともに「普遍的なもの」がある、と彼は考えた。それは、生活のなかで実践されるべきことであり、「信じるというより生きられるもの」であった。オーロビンドが求めたのは、本居宣長的にいえば、インドにおける「古道」を見出すことであり、柳田国男的にいえば、固有信仰を見出すことであった。(9)

しかし、柳田は日本の固有信仰を明らかにしようとしたが、オーロビンドと違って、あくまで民俗学者＝歴史家としてそうしたのである。それを宗教として語ることはなかった。

にもかかわらず、彼はそれが普遍宗教であることを確信していた。橋川文三はつぎのように記している。

佐古純一郎の回想によれば、彼がキリスト教に入信したのち、半ば批判されるのではないかというおそれの気持をいだきながら、そのことを柳田に告げたとき、柳田はその入信については「それはよかったね」とむしろ祝意を表しながら、次のようにいったという。「きみなども、キリスト教を宣伝するのなら、ぼくのような人間を改信させるくらいでないとだめだよ。」

また、あるときは、佐古に対して「四十日くらいまではどの辺にいるかわかっているのだが、それ以後のことはわからないのだよ」と語ったこともあるという。もちろん、死後の魂の行くえのことである。

（『柳田国男論集成』）

神道から先祖崇拝を取り去り、人類教として世界に広めようというような発想は、柳田が最も嫌うものであった。かつて、明治国家がヨーロッパの教会建築を真似て各地の神社を合併し巨大化しようとしたとき、反対したように。小さいこと、あるいは、弱いことは、普遍的であることと背反しない。そのような考えが、柳田国男の思想の核心にある。強大なものは没落する。おそらく柳田が空襲警報を聞きながら『先祖の話』を書いていたとき、そのような光景が迫り来るのを感じていただろう。

注

(1) 岐阜県および宮崎県の山岳地帯から来た私の友人らの話では、彼らの出身地にある神道は、柳田のいう固有信仰に近い。たとえば、神への祈願(神強制)がない。また、血縁を優越する考えがない。彼らは「山民」であるが、狩猟採集民社会の跡を濃厚にとどめている、といえる。

(2) 原洋之介はタイの農村に関してつぎのように述べている。《「タイの親族構造は男系でも女系でもない双系制で、農地の相続は原則として、村に居住するかどうかに関わりなく男女均分である。しかし現実には、村にいる女子が相続することが多い。結婚すると通常夫婦は、決して婿入り婚ではないが、妻の両親の家の近くに高床式の家屋をつくって住む。娘夫婦は、結婚時に一度に全面積を親から相続されるのではない。そのためいまだ相続されていない親の土地を耕作し、収穫物を親に渡すことが一種の慣例であった」》(原洋之介『アジアの「農」日本の「農」』)。これは、柳田が見出した「婿入」が、高群がいう母系制の頽落形態ではなく、双系制にもとづくということを裏づけるものである。

（3）　関東大震災のあと関西に移住した谷崎潤一郎は、大阪の商家に伝統として残る母系制文化に、彼自身のマゾキズムを満たす機会を見出したと考えられている。しかし、これは大阪だけの現象ではない。江戸でも、大きな商家は養子による母系制をとっていたからだ。ただ、明治以後、東京のほうが変化が大きかったといえる。大阪の商家では男性が実権を握っていた。とはいえ、マゾキストは現実的に優位にあるからこそ、女性に服従することに快楽を見出すのであり、その意味で、大阪は谷崎文学に適合していたといえる。

（4）　たとえば、ユダヤ教は明瞭に父系的であるが、ユダヤ民族としては母系的である。つまり、真にユダヤ人であるためには、母がユダヤ人でなければならない。ユダヤ教は民族とは別である。誰でもユダヤ教徒になることができる。しかし、民族としては母系によってつながるのである。おそらく、このような〝母系制〟は、離散（ディアスポラ）時代に、民族としての出自を保持するためにとられたのである。それは、大阪の商人が「家」を存続させるために母系制をとったことと、本質的には同じである。

（5）　儒教の核心は「孝」にあるが、中国では、それは、家族が国家に対して自立することを含意している。そのため、華僑がそうであるように、国家を越えて家族のつながりが拡大される。つまり、「孝」は、個人が国家から自立することを可能にする原理となる。しかし、日本の場合、国家に対抗するような「孝」はありえない。国家は個人に対してオヤとしてあらわれるからだ。日本では、儒教は公権力からの自立を生む契機にはならなかった。それはイエないし公権力への服従を説くものとなった。

（6）　これは、西田幾多郎的にいえば、「一即多」、あるいは絶対矛盾的自己同一である。ちなみに、西田はこのような論理を、仏教の核心を哲学的に説明するために考えたのであるが、この論理を柳田の見出す固有信仰にも適用できるということは、それが普遍宗教的な要素をはらむことを示している。

（7）　村井紀は、折口が自身をイエスに見立てていたといっている。《折口が自己を神の子たるイエスにも見立てもしたことは戦中から戦後にかけての『聖書』研究、そして神道の人類教化構想という孤独な営為や、「人間を深く愛する神ありて　もしもの言はゞ、われの如けむ」（遺稿『倭をぐな』）という一首からもいえることである》（『反折口信夫論』）。

（8）　折口信夫は、弟子であり愛人であった藤井春洋が召集され硫黄島へ着任したとき、彼を養子にした。春洋の戦死を覚悟していただろうから、この養子縁組は、柳田が『先祖の話』で述べた提案を実行したようなものである。そして、これは柳田のいう固有信仰（祖霊信仰）に基づくのである。

（9）　オーロビンドは、当時のヒンドゥー教に関しては「無知で慣習化した」ものであり、それが「どんな宗教であるか理解している人はほとんどいない」と語っていた。しかし、人々は、オーロビンドの批判から、結果的に「真のヒンドゥー教」を創りだすことになった。そのため、オーロビンドが今日のヒンドゥー原理主義に責任があると非難する人たちがいる。柳田国男についても同様のことがいえる。神道が太古の昔から現在にいたるまで連綿と続く、日本固有の民族的宗教であるという説を広めたということで、柳田を非難する人たちがいるからだ。

付論　二種類の遊動性

1　遊動的狩猟採集民

純粋贈与と互酬的贈与

人類学者はこれまで、いわゆる未開社会を扱ってきた。それはきわめて多様で、狩猟採集の漂泊的バンドから、漁労や簡単な降水農業、あるいは焼畑農業を営む氏族社会に及ぶ。さらに、氏族社会も、たんなる首長制から、王権に近い権力をもつ首長制に分布している。つまり、いわゆる未開社会には、質的に異なる社会構成体がふくまれているので、それらを同一のものとして扱うことはできない。ただ、そこには共通の原理がある。

マルセル・モースは、これらの多様な未開社会を構成している共通の原理が、贈与の互酬性（相互性）であると主張した。この原理は、贈与をする義務、贈与を受け取る義務、さらに、それにお返しする義務の三つから成り立っている。モース以前の人類学者は、純粋贈与と互酬的贈与を区別していた。たとえば、親が子供の面倒を見る場合、それに対して、将来の返済が期待されることはない。それは純粋贈与である。しかし、モースは純粋贈与という考えを否定し、贈与はすべて互酬的であると主張したのである。たとえば、親がすすんで子供の世話をする場合、それによって満足を得るのだから、純粋贈与でなく、互酬的交換である、と。

それに対して、狩猟採集民社会を考察したマーシャル・サーリンズは、ある意味で、互酬とは区別される純粋贈与を取り戻した。それは、彼の言葉でいえば、共同寄託（プーリング）、つまり、生産物を皆で平等に分け合うことである。共同寄託と互酬的交換は、つぎのように区別される。共同寄託は、世帯の内部、あるいは共同体の内部での行為である。一方、互酬的交換は、世帯と世帯の間、あるいは共同体と共同体の間において存在し機能する。すなわち、互酬は、小さな世帯の中にある原理ではなく、世帯間を超えた氏族共同体、さらに、氏族共同体を超えた連帯を作り出す原理である。

しかし、私は、互酬原理は、遊動的な狩猟採集民の段階には存在せず、定住後に形成されたと考える。サーリンズが観察したのは、定住的な狩猟採集民であって、遊動的な狩猟採集民ではない。たとえば、日本列島にいるアイヌ、さらに過去にいたと見なされる縄文人は、定住した狩猟漁労採集民である。それを見ているだけでは、定住以前の人類社会がどうであったかを考えることはできない。

とはいえ、遊動的な狩猟採集民社会を見出すことは不可能である。今も遊動的バンド社会はあるが、それが太古から続いて来たものだとはいえないのだ。たとえば、カラハリ砂漠にいる狩猟採集民、ブッシュマンは、もともとそこにいたのではなく、他の部族に追われて砂漠に逃げ込んだ、と推定されている。現在残っている、多くの遊動的狩猟採集民は、一度定住して簡単な栽培・飼育をしていたのに、文明＝国家に追われて、遊動的バンドに「退行」したのではないかと思われる。

遊動的狩猟採集民をめぐる思考実験

では、定住以前の狩猟採集民について考えるには、どうすればよいのか。マルクスは『資本論』で、貨幣の起源に関して実証的に確かめることはできない、それを考えるためには「抽象力」が必要だ、と書いている。同様に、定住以前の狩猟採集民社会がいかなるものであったかは、実証できる問題ではなく、「抽象力」の問題、いいかえれば、思考実験の問題である。

その出発点は、現存する漂泊的バンド社会の観察である。そこから、定住以前の狩猟採集民社会について、ある程度推測できるだろう。観察された漂泊的バンドは、一部複婚を含む単婚的家族が幾つか集まって作られている。バンドの凝集性は、共同寄託や共食儀礼によって確保される。が、バンドの結合は固定的ではなく、いつでも出ていくことができる。バンドは概ね、二五－五〇名ほどの小集団である。その数は、食料の共同寄託（平等な分配）が可能な程度以上に増大せず、また、共同での狩猟が可能である程度以下にも減少しない。また、バンドが固定的でないだけでなく、家族の結合も固定的ではない。夫または妻が同居生活を離脱すれば、夫婦は解消したものとみなされる。とはいえ、乱婚や近親相姦はない。家族と家族の間の関係は、もっと不安定である。ゆえに、親族組織は未発達であり、また、バンドを越える上位の集団を持たない。

むろん、このようなバンド社会の観察は、歴史的に遊動的狩猟採集民がそのようなものであったことを証明するものではない。しかし、以上のような形態が定住以後にはありえないということは明らかである。これは、狩猟採集という生産形態ではなく、遊動的生存という条件によって強いられたものだといってよい。狩猟採集によって得た収穫物は、不参加者であれ、客人であれ、すべての者に、平等に分配される。これは、この社会が狩猟採集に従事しているからではなく、遊動的だからである。彼らはたえず移動するため、収穫物を備蓄することができない。ゆえに、それを所有する意味もないから、全員で均等に分配してしまうのだ。これはまさに「純粋贈与」であって、互酬的ではない。収穫物を蓄積しないということは、明日のことを考えないということであり、また、昨日のことを覚えていないということである。したがって、贈与とお返しという互酬が成立するのは、定住し蓄積することが可能になった時からだといえる。そうすると、定住以前の狩猟採集社会には、共同寄託はあるが互酬的交換はなかったと考えるべきである。

2　定住革命

国家を回避する互酬制原理

ゴードン・チャイルドが唱えた新石器革命（農業革命）という概念は今でも支配的である。それは、農業・牧畜が始まり、人々が定住し、生産力の拡大とともに、都市が発展し、階級的な分解が生じ、国家が生まれてきたという見方である。ここでまず疑わしいのは、農業によって定住するようになったという見方である。というのは、定住はそれ以前から生じているからである。狩猟採集民もまた定住するのだ。彼らの多くは、簡単な栽培や飼育をおこなっている。そうするために定住したのではない。栽培や飼育は、彼らが定住した結果、自然に生まれてきたのである。また、定住以後には、生産物の備蓄、土器などの技術的発展が可能となった。つまり、新石器文化は定住によって始まるのだ。したがって、新石器文化は農耕がなくても存在したのである。たとえば、縄文文化は新石器文化である。

もちろん、そこではじまった栽培・飼育が、農耕・牧畜へと発展する可能性はあった。また、定住とともに生産物の蓄積、さらに、そこから富と力の不平等が生じる可能性があった。それは早晩、国家の形成にいたるだろう。しかし、そうならなかったのは、定住した狩猟採集民がそれを斥けたからである。彼らは、定住はしても、遊動民時代のあり方を維持するためのシステムを創りだした。それが贈与の互酬性なのである。ゆえに、農耕・牧畜と国家社会の出現を「新石器革命」と呼ぶのであれば、われわれは、それを阻止することをむしろ革命と呼ぶべきであろう。その意味で、私はこれを「定住革命」と呼ぶ。

一般に、氏族社会は国家形成の前段階として見られている。しかし、むしろ、それは定住化から国家社会に至る道を回避する最初の企てとして見るべきである。その意味で、氏族社会は「未開社会」ではなく、高度な社会システムだといえる。それは、われわれに或る可能性、つまり、国家を超える道を開示するものとなる。

くりかえすと、定住とともに、集団の成員は互酬性の原理によって縛られるようになった。贈与を義務として強いることによって、不平等の発生を妨げたからである。もちろん、これは人々が相談して決めたことではない。それはいわば「神の命令」として彼らに課されたのである。では、「神」をもちださないで、これをどう説明すればよいか。この問題にかんして示唆的なのは、フロイトの『トーテムとタブー』（一九一二―一三年）である。フロイトは、未開社会における「兄弟同盟」がいかにして形成され維持されるのか、という問題を考えた。つまり、彼の関心は、部族社会における氏族の平等性・独立性がいかにして獲得されたかにあった。

「抑圧されたものの回帰」としての互酬制

フロイトは、その原因を息子たちによる「原父殺し」という出来事に見いだそうとした。いうまでもなく、これはエディプス・コンプレクスという精神分析の概念を人類史に適用するものである。しかし、太古に「原父」がいたという見方は、フロイトの独創ではなく、ダーウィンをはじめ、当時の学者の意見にもとづくものである。彼らはゴリラ社会の雄から「原父」を考えたのだ。もちろん、このような理論は今日の人類学者によって全面的に斥けられている。したがって、フロイトの理論も斥けられている。

確かに、太古に「原父」のようなものは存在しない。そのような原父は、専制的な王権国家が成立したのちの王や家父長の姿を、氏族社会以前に投射したものだ、というべきである。だが、そのようにいうことで、フロイトの「原父殺し」および反復的儀式という見方の意義が消え失せることはない。フロイトは、氏族社会の「兄弟同盟」的なシステムが、なぜいかにして、強固に維持されているのかを問うたのだから。フロイトを否定する者は、その問いに答えなければならない。未開社会には互酬制がある、というのは答えではない。いかにして互酬制が生じたか、また、なぜそれが人を拘束する力があるのか、という問いに、答えなければならない。

むろん遊動的バンド社会には、「原父」のようなものは存在しなかった。バンドの結合、家族の結合は脆弱なものであった。この意味で、フロイトが依拠した理論はまちがっている。しかし、こう考えればよい。定住化とともに、階級と国家が生じる可能性、つまり、国家＝原父が形成される可能性があった。トーテミズムはそれを防ぐために、あらかじめ「原父殺し」を行うことであり、そして、それを反復することである。その意味で、原父殺しは、経験的に存在しないにもかかわらず、互酬性によって作られる構造を支えている「原因」なのである。

フロイトは、未開社会のシステムを「抑圧されたものの回帰」として説明した。彼の考えでは、一度抑圧され忘却されたものが回帰してくるとき、それはたんなる想起ではなく、強迫的なものとなる。氏族社会に関するフロイトの理論では、回帰してくるのは、殺された「原父」である。しかし、われわれの考えでは、「抑圧されたものの回帰」として戻ってくるのは、定住によって失われた遊動性、あるいは、遊動性がもたらす自由と平等性である。それは、互酬性原理（私はそれを交換様式Aと呼ぶ。交換様式A〜Dについては、一九六頁の表参照）がなぜ、強迫的に人々に働くかを説明するものである。

3　二種類のノマド

農耕と牧畜は原都市で出現した

くりかえすと、チャイルドが唱えた新石器革命（農業革命）という概念によれば、農業・牧畜が始まり、生産力の拡大とともに、都市が発展し、階級的な分解が生じ、国家が生まれてきた。農業の発展とともに、都市が形成され国家が形成されるという考えは、今も支配的である。しかし、『都市の経済学』を書いたジェイン・ジェイコブズは、この通念に異議を唱えた。彼女の考えでは、その逆に、農業は「原都市」で始まったのである。「原都市」は、共同体と共同体の交易の場として始まった。そこでは、さまざまな情報が交換、集積された。農耕はその結果として生じた、と彼女はいう。私は、この仮説を支持する。

農業が発展して都市になったのではない。その逆に、農業は原都市で発明され、その後背地に広がった。こう考えると、牧畜の起源についても、その謎が解ける。これも〝原都市〟で始まったのだ。梅棹忠夫は、牧畜が飼育の発展として起こったという考えを批判した（『狩猟と遊牧の世界』）。牧畜の対象である羊などは、群で生きている動物であり、牧畜とは彼らを群ごと掌握するものである。したがって、それはいわば草原で発生したのだ、と梅棹はいう。しかし、農耕の技術と同様に、牧畜の技術もさまざまな情報が交換、蓄積される原都市で発明された、と考えるべきである。

農耕と牧畜は原都市で出現した。とともに、それらの分化、いいかえれば、農耕民と遊牧民の分化が生じた。遊牧民は、原都市を出て遊動するようになる。彼らはある意味で、遊動的狩猟採集民にあった遊動性を回復した。しかし、彼らは狩猟採集民とは異質である。遊牧は農耕と同様、定住生活の中で開発された技術であり、また、遊牧民は農耕民と分業関係にある。彼らは農耕民と交易するだけでなく、商人として共同体との間の交易をになう。

遊牧民が国家を形成する

一方、遊牧民が、焼畑農民、漂泊的商人・手工業者と異なるのは、しばしば結束して農耕民を征服し従属させるということである。それによって国家が形成された。この場合、国家を形成するのは、たんなる暴力ではない。それは、服従すれば保護する、というかたちでの「交換」である。私はこのような交換のあり方を、交換様式Bと呼ぶ。すると、遊牧民は、交換様式Cとともに、交換様式Bの発展を担ったということができる。

通常、国家は農耕共同体あるいは都市の内部の階級分裂から生まれると説明されてきたが、国家は内部からだけでは生じない。互酬（交換様式A）の原理が強いので、絶対的な支配者が出現できないのだ。ゆえに、せいぜい首長制国家にしかならない。首長は第一人者という程度の存在である。したがって、国家あるいは王権が成立するためには、外部からの征服という契機が不可欠である。それが遊牧民である。とはいえ、すべての国家が征服によって形成されるわけではないし、また、つねに征服が遊牧民によってなされるわけでもない。ただ、征服が現実になくても、遊牧民に対する防衛、あるいは他の国家の侵入に対する防衛という動機が、首長制国家を集権的な国家に変容するのである。

原都市は、ある意味で、原都市＝国家である。そこで生まれた農耕・牧畜、あるいは農耕民と遊牧民があいまって、国家を形成したのである。遊牧民の遊動性は、したがって、遊動的狩猟採集民のそれと似て非なるものである。遊牧民は共同体の間にあり、商業ないし戦争を通して、共同体の中に浸透、侵入、支配するにいたる。遊牧民の遊動性は、交換様式でいえば、AではなくBとCに導かれるものである。

さらに、遊牧民に似た者として、山地民がいる。東南アジア大陸部、中国南部をふくむ「ゾミア」と呼ばれる領域の山地民を考察したジェームズ・スコットは、山地民を国家を拒否し逃れた人々として見た（『ゾミア』）。彼らは原始的な段階にある山岳民族と見なされてきたが、そうではない。彼らはもともと平地にいたし、また、逆に山地から平地に向かうこともありえた。平地の国家は、つねに山地民世界との相互関係において存在してきたのである。スコットは、この意味で、山地民は遊牧民と類似すると考えている。しかし、ここで注意すべきことは、遊牧民と同様、山地民は狩猟採集民のもつ遊動性を回復してはいるが、狩猟採集民とは決定的に異なるということである。

遊動民一般をノマドと呼ぶとすれば、その中には、狩猟採集遊動民、遊牧民、山地民（焼畑狩猟民）が入る。また、遊動性という観点からみれば、漂泊する商人や手工業者を入れてもよい。定住農耕民からみれば、ノマドは不気味な存在である。彼らは非農耕民を軽蔑するが、それに依存するほかない。なぜなら、彼らとの交換がなければ、共同体の自給自足的経済はなりたたないからだ。一方、ノマドも、定住農民の生き方を軽蔑していると同時に、さまざまな意味で、後者に依存している。このように、各種のノマドが、交換様式C（商品交換）の発展を担ったし、また、しばしば交換様式B、すなわち国家形成に関与してきたのである。

ノマドロジーでは国家と資本を越えられない

ドゥルーズ&ガタリは『千のプラトー』（一九八〇年）で、ノマドについて論じ、ライプニッツのモナドロジーをもじって、それをノマドロジーと呼んだ。彼らは、国家に対して、戦争機械という概念をもってきた。これが、国家の外にいる遊牧民というイメージにもとづくことは明らかである。しかし、このノマドロジーは、定住性やそれに伴う領域性や規範を越えるとしても、国家と資本を越える原理ではない。それどころか、国家や資本を飛躍的に拡張する原理である。たとえば、戦争機械としての遊牧民は、国家を破壊するが、より大きな国家（帝国）を創り出す。資本も同様である。たとえば、金融資本は、脱領域的であり、領域化された国家的経済を破壊する。

米ソの冷戦体制が揺らぎはじめた一九七〇年代以後、ノマドロジーは、この冷戦構造を解体する脱領域的・脱構築的な原理と目された。しかし、ソ連邦が崩壊し、資本主義のグローバリゼーションが生じた九〇年代以後、それは「資本の帝国」、あるいは新自由主義を正当化するイデオロギーに転化した。たとえば、日本でノマドロジーが「現代思想」として流行したのは、一九八〇年代、バブルの頃である。そのとき、それはラディカルな思想に見えた。国境を越え、ネーション、さらに企業共同体を越えるものであったから。しかし、同時に、これは企業にも歓迎される思想であった。だから、社会的ブームになったのである。

九〇年代に入ると、それは新自由主義のイデオロギーと区別できなくなる。国境を越え、ネーションを越えて、あらゆるところに浸透し侵入する資本を肯定するのだから。この結果として、新しいタイプの遊動民が出現した。たとえば、ジェットセッターと呼ばれるビジネスマン。さらに、それと並行してあらわれたホームレス。これらのノマドは、むろんドゥルーズ&ガタリが考えていたものとは異なる。このような遊動性によっては、資本=ネーション=国家を越えることはできない。

しかし、資本=ネーション=国家を越える手がかりは、やはり、遊動性にある。ただし、それは遊牧民的な遊動性ではなく、狩猟採集民的な遊動性である。定住以後に生じた遊動性、つまり、遊牧民、山地人あるいは漂泊民の遊動性は、定住以前にあった遊動性を真に回復するものではない。かえって、それは国家と資本の支配を拡張するものである。

定住以前の遊動性を高次元で回復するもの、したがって、国家と資本を超えるものを、私は交換様式Dと呼ぶ。それはたんなる理想主義ではない。それは交換様式A(互酬)がそうであったように、「抑圧されたものの回帰」として強迫的に到来する。いわば、「神の命令」として。したがって、それは最初、普遍宗教というかたちをとってあらわれたのである。だが、交換様式そのものは宗教ではない。それはあくまで経済的な交換の形態なのである。

交換様式Dにおいて、何が回帰するのか。定住によって失われた狩猟採集民の遊動性である。それは現に存在するものではない。が、それについて理論的に考えることはできる。

4　柳田国男

柳田は生涯、定住以前の遊動性に取り組んだ

日本で遊動民に注目した思想家として、柳田国男がいる。彼は初期から、さまざまな遊動民を考察した。重要なのは、その場合、彼が二種類の遊動性を弁別したことである。先ず、彼は「山人」の存在を主張した。山人は、日本列島に先住した狩猟採集民であるが、農耕民によって滅ぼされ、山に逃れた者だという。ただ、山人は山民（山地人）とは違って、その実在を確かめることができない。彼らは多くの場合、天狗のような妖怪として表象されている。さらに、柳田は、移動農業・狩猟を行う山民、および、工芸・武芸をふくむ芸能的漂泊民に注目した。しかし、柳田はそのような遊動民と山人とを区別していた。つまり、遊動性の二種類を区別したのである。

後期の柳田はその関心を、遊動民から定住農耕民に向けるようになった。山人について語るのをやめただけでなく、芸能的漂泊民についても論じなくなった。そのため、定住農

民と国家を越える視点を無くしたと批判されるようになった。柳田を批判する論者は、商人・職人・芸人のような遊動民を重視し、そこに、定住農民による国家権力（天皇制）を越える契機を見いだそうとした。しかし、このような芸能的遊動民は山人とは異質である。遊牧民が定住農民の社会の間にあって、それらを交易などで媒介しつつ、時に定住農民を支配する国家を形成するように、芸能的遊動民は定住農民共同体の間にあって、それらを媒介することによって生きつつ、他方で、定住農民を支配する国家（王権）と、直接・間接的に結びつく。つまり、彼らは一方で定住民に差別される身でありながら、他方で、定住民を支配する力をもったのである。

柳田が定住農民（常民）に依拠したことを批判する者は必然的に遊動性を重視することになるが、彼らには、二種類の遊動性の区別が欠けていた。中でも代表的な批判者、歴史学者網野善彦は、天皇制国家を脱却するための基盤として、さまざまな芸能的漂泊民を見いだした。しかし、この考察は、実は彼らが天皇制と直結するのを見いだすことに終る。このアイロニーに、謎はない。それは二種類の遊動性を区別しなかったことから生じたにすぎない。芸能的漂泊民は、定住性とそれに伴う服従性を拒否するが、他方で、定住民を支配する権力とつながっている。したがって、国家に対抗する根拠を、このタイプの遊動民に求めるべきではない。

一方、根本的に「国家に抗する」タイプの遊動民は、山人である。しかし、山人は当初から実在するとはいいがたい存在であった。山人の存在を唱えた柳田は嘲笑され、次第に自説を後退させた。が、けっして放棄することはなかった。定住農民（常民）に焦点を移しつつ、彼は「山人」の可能性を執拗に追求したのである。最終的に、彼はそれを「固有信仰」の中に見出そうとした。彼がいう日本人の固有信仰は、稲作農民以前のものである。つまり、日本に限定されるものではない。また、それは最古の形態であるとともに、未来的なものだ。すなわち、柳田がそこに見いだそうとしたのは、X（交換様式D）として回帰するような原遊動性なのである。

B　再分配 （略取と再分配）（強制と安堵）	A　互酬 （贈与と返礼）
C　商品交換 （貨幣と商品）	D　　X

表　交換様式の４つの形態

あとがき

私は約四〇年前に、柳田国男論を雑誌に連載したことがある。しかし、それを本にはしなかった。そのうち書き直そうと思いつつ、いつの間にか月日が経ってしまったのである。柳田について考えることもほとんどなかった。ところが、近年になって、考えるようになった。そのきっかけは幾つかある。

一つは、東日本大震災で大勢の死者が出たことである。また、福島原発事故によって多くの人々が郷里から離れ、さらに今後にも多くの死者が出る恐れが生じた。私は反原発運動に参加するようになったが、それだけでは片づかない気持があった。そこで柳田国男の『先祖の話』を読んだ。これは戦争末期、大勢の死者が出、且つ、亡国が必至であった状況で書かれた本であったからだ。実は、以前、阪神大震災の後にもこの本を読みなおしたことがある。柳田が戦争末期、大勢の死者を念頭において書いたこの本がとても身近に感じられたのである。

もう一つのきっかけは、私自身の近年の理論的関心から来る。私は二〇一〇年に『世界史の構造』（岩波書店）を出版したあと、その中で十分に書き足りなかった諸問題にあらためて取り組んだ。その一つが、遊動民の問題であった。二〇一二年の秋、北京に滞在し、清華大学で『世界史の構造』について講義するほか、中央民族大学で、人類学者らを前にして「遊動民」について講演した。遊動民（ノマド）には、さまざまなタイプがある。大別すれば、遊動的狩猟採集民と遊牧民である。それらはノマドとして同一視されやすいが、根本的に異なる面がある。

私が柳田国男のことを考えるようになったのは、この講演の準備をしていたときである。というのは、特に柳田の場合、この二種類の遊動性が大きな謎としてあらわれるからだ。たとえば、彼は初期に「山人」（狩猟採集民的遊動民）を重視していたのに、後期にそれを放棄し定住農民に焦点を当てるようになったと見なされている。確かにその通りである。しかし、それは、柳田が山人的な遊動性を否定したことにはならない。彼が否定したのは、遊牧民的、膨張主義的な遊動性なのだ。本書で私が論じたのはそのことであるが、それを理論的にもっと明確にするために、この時の講演草稿「二種類の遊動性」を付論として加えた。読者にはむしろ、これを最初に読んでいただきたい。

私は以前から、魯迅の弟、周作人が柳田の著作を翻訳していたこと、また魯迅自身も柳田民俗学に通じていたことを知識としては知っていたが、中国に滞在中、魯迅を読みながら初めてそのことの意義に気づいた。また、柳田に注目している学生たちにも出会った。柳田への関心を日本の外から呼び起こされたのである。さらに、私はたまたま『狼の群れと暮らした男』という本の書評を書いたのだが、そのとき、柳田がかつてオオカミがカミだと見なされたというにとどまらず、吉野の山中に狼がまだ棲息していると主張して物議をかもした話を思い出した。

最後に、といっても、最大のきっかけは、そもそも四〇年前に柳田論を書いたまま放っておいたことにある。その間幾度も本にするように頼まれたがことわってきた。読みなおす気にもならなかったのだ。ところが、本書の草稿をある程度書き終えたころ、突然、気持が変わった。あれはあれでよい、と思うようになったのである。そして、一切の加筆なしに刊行することに決めた（『柳田国男論』インスクリプト、二〇一三年）。この過程で気づいたのは、私は柳田論を仕上げることをずっと待ち望んでいたのだ、ということである。

以上のようなきっかけがあったものの、実際に柳田国男論を完成することができたのは、帰国後に話し合った文藝春秋の波多野文平、丹羽健介両氏の強いサポートがあったからだ。先ず、丹羽氏の編集する雑誌「文學界」に連載し、それを波多野氏が編集する文春新書に入れるという計画を立てた。それらが首尾よく捗《はかど》って、今ここに、この本がある。両氏に深く感謝する次第である。

二〇一三年九月

柄谷行人

主要参考文献（著者五十音順）

赤坂憲雄『一国民俗学を越えて』五柳書院、二〇〇二年
赤坂憲雄『東北学／忘れられた東北』講談社学術文庫、二〇〇九年
赤松啓介『夜這いの民俗学』明石書店、一九九四年
網野善彦「中世における天皇支配権の一考察」（『史学雑誌』一九七二年八月号所収、山川出版社）
網野善彦『東と西の語る日本の歴史』講談社学術文庫、一九九八年
網野善彦『蒙古襲来』小学館文庫、二〇〇〇年
網野善彦『「日本」とは何か』講談社、二〇〇〇年
宇沢弘文『社会的共通資本』岩波新書、二〇〇〇年
内堀基光・山下晋司『死の人類学』講談社学術文庫、二〇〇六年
ショーン・エリス、ペニー・ジューノ著、小牟田康彦訳『狼の群れと暮らした男』築地書館、二〇一二年
大塚英志『公民の民俗学』作品社、二〇〇七年
大塚英志『怪談前後』角川選書、二〇〇七年
岡村民夫『柳田国男のスイス』森話社、二〇一三年
小熊英二『単一民族神話の起源』新曜社、一九九五年
折口信夫著、安藤礼二編『折口信夫天皇論集』講談社文芸文庫、二〇一一年

折口信夫『折口信夫対話集』講談社文芸文庫、二〇一三年
川田順造「最初期の柳田を讃える」（『現代思想』二〇一二年十月臨時増刊号所収、青土社）
菊地章太『妖怪学の祖　井上圓了』角川選書、二〇一三年
ジェームズ・C・スコット、佐藤仁監訳『ゾミア』みすず書房、二〇一三年
メルフォード・E・スパイロ著、井上兼行訳『母系社会のエディプス』紀伊国屋書店、一九九〇年
高群逸枝『招婿婚の研究』（『高群逸枝全集2』『高群逸枝全集3』所収、理論社、一九六六年）
坪井洋文『イモと日本人』未来社、一九七九年
坪井洋文『稲を選んだ日本人』未来社、一九八二年
中根千枝『タテ社会の人間関係』講談社現代新書、一九六七年
中野重治『五勺の酒・萩のもんかきや』講談社文芸文庫、一九九二年
中村哲『柳田国男の思想』法政大学出版局、一九八五年
並松信久「柳田国男の農政学の展開」（『京都産業大学論集　社会科学系列』所収、二〇一〇年）
ハインリヒ・ハイネ著、小沢俊夫訳『流刑の神々・精霊物語』岩波文庫、一九八〇年
橋川文三『柳田国男論集成』作品社、二〇〇二年
花田清輝「柳田国男について」（粉川哲夫編『花田清輝評論集』所収、岩波文庫、一九九三年）
原洋之介『アジアの「農」日本の「農」』書籍工房早山、二〇一三年
平岩米吉『狼—その生態と歴史』築地書館、一九九二年
マイヤー・フォーテス著、田中真砂子編訳『祖先崇拝の論理』ぺりかん社、一九八〇年
マルク・ブロック著、井上泰男・渡邊昌美訳『王の奇跡』刀水書房、一九九八年

松崎憲三「二つのモノの狭間で」（『現代思想』二〇一二年十月臨時増刊号所収、青土社）
三浦佑之「オオカミはいかに論じられたか」（『現代思想』二〇一二年十月臨時増刊号所収、青土社）
宮崎学『「自己啓発病」社会』祥伝社新書、二〇一二年
宮本常一『庶民の発見』講談社学術文庫、一九八七年
村井紀『南島イデオロギーの発生』福武書店、一九九二年
村井紀『反折口信夫論』作品社、二〇〇四年
村上信彦『高群逸枝と柳田国男』大和書房、一九七七年
本居宣長著、村岡典嗣校訂『玉勝間』上・下、岩波文庫、一九八七年
柳田国男・田山花袋編校訂『近世奇談全集』、博文館、一九〇三年
柳田國男・中野重治「文学・学問・政治」（対談）（『展望』一九四七年年一月号所収、のちに筑摩書房、宮田登編『柳田國男対談集』に収録、ちくま学芸文庫、一九九二年）
柳田國男『定本柳田國男集』筑摩書房、一九六二年〜七一年
柳田國男『柳田國男全集』筑摩書房、一九九七年〜
柳田國男『柳田國男全集』ちくま文庫、一九八九年〜九一年
柳田国男・南方熊楠『柳田国男・南方熊楠往復書簡集』平凡社ライブラリー、一九九四年
吉田孝『律令国家と古代の社会』岩波書店、一九八三年
吉本隆明『共同幻想論』角川文庫、一九八二年
吉本隆明『マス・イメージ論』福武書店、一九八四年
吉本隆明『超資本主義』徳間書店、一九九五年

柳田国男年譜

＊『定本柳田國男集』（筑摩書房）『柳田國男全集』（ちくま文庫）『柳田國男文芸論集』（井口時男編、講談社文芸文庫）『柳田国男伝』（後藤総一郎監修、柳田国男研究会編著、三一書房）『柳田國男事典』（野村純一、三浦佑之、宮田登、吉川祐子編、勉誠出版）を参考に作成した。

＊「主な論文・講演・著作」は論文・講演は「　」、著作は『　』で表した。論文・講演は発表年、著作は刊行年。続く数字・○囲み数字で、それぞれ『定本柳田國男集』『柳田國男全集』（ちくま文庫版）の所収巻を示した。本書で言及されたものを太字にした。

西暦	年齢	出来事（社会の動きは太字）	主な論文・講演・著作
1875	0	7月31日、兵庫県神東郡田原村辻川（現・神崎郡福崎町辻川）に父・松岡操（幼名・賢次、号・約斎）、母・たけの六男として生まれる。松岡家は代々医家だった。	
1877	2	三兄泰蔵が井上家の養嗣子となり、通泰と改名。	
1879	4	辻川の昌文小学校に入学。	
1883	8	昌文小学校を卒業。加西郡北条町の高等小学校に入学。	
1884	9	一家で北条町に転居する。	
1885	10	高等小学校を卒業。この年、大飢饉の惨状を目の当たりにする。	
1887	12	8月末、帝国大学医科大学在学中の三兄井上通泰に伴われて上京。その後、茨城県北相馬郡布川町に開業した長兄鼎の許に住む。	
1888	13	病身のため学校に行かず、長兄の知人小川家が所蔵する書物を濫読して過ごす。	
1889	14	9月、両親と二人の弟も布川の長兄鼎宅に同居。**大日本帝国憲法発布。**	
1890	15	下谷区徒士町の三兄井上通泰宅に同居。三兄の紹介により森鷗外を知り、感化を受ける。	
1891	16	三兄井上通泰が帝国大学医科大学を卒業し、大学の助手兼開業医と	

		なる。母と二人の弟も三兄宅に転居。中学卒業資格を得るために開成中学校に編入。桂園派歌人松浦萩坪（辰男）門下に入り、短歌を学ぶ。ここで田山花袋を知る。	
1892	17	開成中学校から郁文館中学校に転校。	
1893	18	9月、第一高等中学校に入学し、寄宿舎に入る。	
1894	19	**日清戦争勃発**。	
1895	20	「文學界」に新体詩を発表しはじめる。このころ島崎藤村と出会う。	
1896	21	7月8日、母・たけが死去。肺尖カタルを患い、約1カ月、犬吠埼で保養。9月5日には父・操が急死。	
1897	22	4月、『抒情詩』（国木田独歩、田山花袋らとの共著）を民友社より刊行。7月、第一高等学校を卒業。9月、東京帝国大学法科大学政治科に入学。農政学の松崎蔵之助に師事。	
1898	23	秋、腸チフスのために入院し、翌年にかけて数カ月休学。	
1900	25	7月、東京帝国大学を卒業。農商務省農務局に勤務。大学院にも在籍。9月から早稲田大学で農政学を講義。	
1901	26	5月、信州出身の大審院判事・柳田直平の養嗣子として入籍。入籍と同時に青山美竹町から牛込加賀町の柳田家に転居。10月から約40日間にわたって信州で産業組合、農会について講演旅行に出る。	
1902	27	1月、田山花袋、小栗風葉らと談話会（土曜会）を開く。2月、法制局参事官に任官。8月、東北旅行に出る。	『最新産業組合通解』28㉚
1903	28	2月、小作騒動視察のため岡山県に向かう。	**『近世奇談全集』**（田山花袋と共編）
1904	29	2月の**日露戦争勃発**により、3月、横須賀の捕獲審検所評定官にな	**「中農養成策」** 31㉙

		る。長谷川長官の秘書となり、九州など様々な地方へ出張する。4月、柳田直平の四女・孝と結婚。	
1905	30	1月、水戸や奈良で産業組合について講演。7月、龍土軒にて島崎藤村、田山花袋、武林無想庵、国木田独歩らと会合（この会は後に龍土会と呼ばれ、継続される）。8月から9月にかけて、農商務省の嘱託として、福島県各地を視察。産業組合についての講演も行う。10月から11月にかけて愛知県下産業組合役員協議会に産業組合中央会代表として出席し、産業組合の連合の問題について講演。	
1907	32	5月、産業組合講習会で三倉制について話す。5月から6月にかけて、産業組合についての講演で新潟、山形、秋田、福島の各県を回る。12月、比嘉財定から宮古島比嘉村の話を聞く。このころより沖縄についての本を読むようになる。	
1908	33	1月、宮内書記官兼任となる。5月から8月にかけて、九州、広島、四国を旅行。宮崎県の椎葉村に行く。	
1909	34	2月、長女・三穂誕生。8月、東北旅行に出、初めて遠野を訪れる。	**「九州南部地方の民風」「天狗の話」** 4⑥（『妖怪談義』所収）**「山民の生活」** 4⑤ **『後狩詞記』** 27⑤
1910	35	6月、内閣書記官記録課長兼任となる。8月、内閣の仕事として、日韓併合に関する法制作成にたずさわる。**日韓併合。大逆事件。**	『石神問答』12⑮ **『遠野物語』** 4④ **『時代ト農政』** 16㉙
1911	36	3月、南方熊楠との文通が始まる。6月、日韓併合に関する法制作	

年	年齢	事項	著作
1912	37	成の功で「勲五等瑞宝章」を授与される。4月、フレーザーの『黄金の小枝』（金枝篇）を読みはじめる。7月、**明治天皇崩御**。9月、次女・千枝誕生。明治天皇の大葬に奉仕。	
1913	38	1月、法制局書記官兼任となる。3月、雑誌「郷土研究」を創刊。12月、田辺に南方熊楠を訪問する。	「巫女考」9⑪（〜14年）**「山人外伝資料」**4④
1914	39	4月、貴族院書記官長となる。**第一次世界大戦勃発**。	『山島民譚集（一）』27⑤**「南方氏の書簡について」**
1915	40	5月、長男・為正誕生。8月、大礼使事務官となる。10月から11月、京都で大正天皇の御大礼に奉仕、伊勢御親祭に随伴し、畝傍での祭事にも奉仕する。	
1916	41	このころ、折口信夫が初めて訪ねてくる。	
1917	42	3月、三女・三千誕生。3月、「郷土研究」が4巻12号で休刊。**ロシア革命**。	**「山人考」**4④（『山の人生』所収）
1918	43		**「神道私見」**10③**「家の話」**20⑳
1919	44	1月、四女・千津誕生。このころ島誌を多く読む。水上生活者に興味を持ち、各地で見聞する。12月、貴族院書記官長を辞任。	『赤小塚の話』12⑦
1920	45	8月、東京朝日新聞社客員となり、紀行を執筆。最初の3年間の内地と外地への旅行を条件に入社。この年、全国各地を旅行する。12月、沖縄の旅に出る（このときの見聞は「海南小記」として東京朝日新聞に連載）。	『神を助けた話』12⑦

1921	46	1月、沖縄本島、宮古島、石垣島などを巡る。5月、国際連盟委任統治委員に就任。ジュネーブで9月から10月まで国際連盟委員会の仕事に従事。	**「世界苦と孤島苦」**
1922	47	1月、一水会で委任統治のことを話す。明治会館で国際連盟の話をする。4月、朝日新聞論説班員となる。南島談話会を開く。5月、国際連盟委任統治委員会の仕事のために再びジュネーブに発ち、6月に着く。途上、エスペラント語の稽古を始める。	『郷土誌論』25㉗**『祭礼と世間』**10⑬
1923	48	欧州各地を旅行し、11月、帰国。自宅で民俗学に関する第一回談話会を開く。国際連盟委任統治委員会委員を辞任。**関東大震災**。	
1924	49	2月、吉野作造とともに朝日新聞社編集局顧問論説担当となる。4月、内ヶ崎作三郎の選挙演説応援のため吉野作造とともに宮城県を回る。慶應義塾大学文学部講師となり、毎週1回の民間伝承の講義を始める（〜1929年3月）。	**「国際労働問題の一面」**29**「島々の話 その四」**1①（『島の人生』所収）
1925	50	5月、早稲田大学で「農民史」の講義を始める。以後、2年ほど続く。11月、雑誌「民族」を創刊（以後、隔月刊行）。	**「青年と学問」**25㉗**「南島研究の現状」**25㉗**「郷土研究ということ」**25㉗（三つともに『青年と学問』所収）**「山に埋もれたる人生ある事」**4④（『山の人生』所収）**『海南小記』**1①
1926	51	2月、吉右衛門（きっちょん）会（昔話研究の会）を始める。**大正**	**「東北研究者に望む」**

年	年齢	事項	著作
		天皇崩御。	**「島の話」** 25㉗（『青年と学問』所収）**『日本農民史』** 16㉙（早稲田大学での講義録）**『山の人生』** 4④
1927	52	7月、民俗芸術の会が結成される。8月、北多摩郡砧村（現・世田谷区成城）に書斎が完成。喜談書屋と名付ける。9月、長男為正とともに転居。	
1928	53	1月、「民俗芸術」「旅と伝説」を創刊。12月、第一回方言研究会を開催。	**『雪国の春』** 2②**『青年と学問』** 25㉗
1929	54	4月、「民族」休刊。	**「聟入考」** 15⑫（『婚姻の話』所収）**『都市と農村』** 16㉙
1930	55	5月、田山花袋死去。10月、雑誌「郷土」を創刊。11月、朝日新聞社論説委員を辞任。	**「東北と郷土研究」** 25㉗**『蝸牛考』** 18⑲
1931	56	9月、雑誌「方言」を創刊。**満州事変。**	**『明治大正史世相篇』** 24㉖
1932	57	1月、養母柳田琴死去。12月、養父柳田直平死去。	『口承文芸大意』6⑧『日本の伝説』26㉕『秋風帖』2②『女性と民間伝承』8⑩
1933	58	5月、比嘉春潮と雑誌「島」を発刊。9月、自宅にて毎週木曜日に「民間伝承論」の講義を始める。この講義は12月まで続いた。この	**「狼のゆくえ」** 22㉔『桃太郎の誕生』8⑩

		講義の集いは１９３４年１月から木曜会とあらためられ、後に日本民俗学会談話会となった。	**『小さき者の声』** 20㉒
１９３４	59	長兄松岡鼎死去。この年から３年間、継続的な山村調査に取り組む。	『日本の昔話』 26㉕ **『民間伝承論』** 25㉘
１９３５	60	7月31日〜8月6日、日本青年館で日本民俗学講習会が開かれる。9月、自宅で民間伝承の会の初会合を開く。「民間伝承」第一号を刊行。	**「実験の史学」** 25㉗ 『国史と民俗学』 24㉖ **『郷土生活の研究法』** 25㉘
１９３６	61	5月、弟松岡静雄死去。この年から３年間、全国昔話の採集に取り組む。	『地名の研究』 20⑳ 『山の神とオコゼ』 4④
１９３７	62	この年、東北帝国大学、京都帝国大学で「日本民俗学」を講義。**日中戦争始まる。**	**「親方子方」** 15⑫
１９３８	63	3月、弟松岡輝夫死去。昭和研究会で教育改造論を話す。6月、木曜会が百回に達する。12月、兄井上通泰、貴族院議員となる。	『昔話と文学』 6⑧
１９３９	64	4月より、日本民俗学講座で「祭礼と固有信仰」を12回にわたり講義。**第二次世界大戦始まる。**	『木綿以前の事』 14⑰ 『国語の将来』 19㉒ 『狐猿随筆』 22㉔
１９４０	65	10月、四女千津結婚。日本方言学会が創立され、初代会長に就任。	『民謡覚書』 17⑱ 『妹の力』 9⑪
１９４１	66	1月、朝日文化賞を受賞。6月から、東京帝国大学全学教養部主催の教養特殊講義として、5回にわたり「日本の祭」を講義。7月、神社精神文化研究所例会で「神道と民俗学」を講演。8月、兄井上	**「民俗学の話」** 24 『豆の葉と太陽』 2②

年	年齢	事項	著作
		通泰死去。12月、長男為正結婚。長男夫婦との同居生活が始まる。**太平洋戦争始まる。**	
1942	67	2月、次女赤星千枝死去。11月、大政翼賛会の家の委員会で「家の話」をする。	**『こども風土記』** 21㉓ 『菅江真澄』 3③ **『日本の祭』** 10⑬
1943	68	6月から8月にかけて、月1回、大政翼賛会氏子委員会に出席。11月、原町田を散歩中に、地元の材木商・陸川某に会い、先祖になるという話を聞く。このことが『先祖の話』の材料となる。	**『神道と民俗学』** 10⑬ 『昔話覚書』 6⑧
1944	69	5月、国際電気通信講習所にて、「先祖の話」をする。	**『炭焼日記』** 別4㉜（～45年、刊行は58年）
1945	70	2月、米軍が硫黄島に上陸、従軍していた折口信夫の弟子・折口春洋のことを思う。3月、『熊谷家伝記』を読む。野武士文学のことを書きたくなり、これが『先祖の話』の執筆のきっかけとなる。8月15日、**終戦**の詔勅を聞き、「感激不止」と述べる。	
1946	71	6月、昭和天皇及び各宮家に国語教育の問題をご進講する。7月、枢密顧問官となり、以後、日本国憲法、皇室、教育関係法案の審議に加わる。11月、枢密院の皇室関係法案委員会に出席。12月、枢密院の御前会議に出席。**日本国憲法発布。**	**「ジュネーブの思い出」** 3③ 『笑の本願』 7⑨ **『先祖の話』** 10⑬ **『家閑談』** 15⑫ 『祭日考』 11⑭
1947	72	3月、枢密院の学校教育基本法案についての委員会に出席。1934年から300回以上続いた木曜会を発展解消し、自宅の書斎を民俗学研究所とする。以後、毎月2回の研究会を開く。4月、枢密院の最終会議に出席。6月、北海道大学で「如何に再建すべきか」と	**「文学・学問・政治」**（中野重治との対談、『柳田國男対談集』所収） **『山宮考』** 11 12 22

		題して、沖縄の話を講演。7月、芸術院会員となる。8月、沖縄文化協会発会式に出席。**日本国憲法施行**。	⑭⑮㉔『氏神と氏子』11⑭
1948	73	4月、民俗学研究所が財団法人として認められる。	『村のすがた』21㉓ 『婚姻の話』15⑫
1949	74	2月、国立国語研究所評議員となる。NHKの神道の時間で折口信夫との対談「神道の原始型」を放送。4月、民間伝承の会を日本民俗学会と改称し、会長となる。9月、父松岡操の53回忌辰を記念して、「魂の行くえ」を書く。	『北小浦民俗誌』25㉗
1951	76	3月、東京都江東区深川の円通寺に柳田家代々の墓を建立。5月、国学院大学大学院の開講式に出席。大学院では理論神道学の講座を持ち、1960年まで担当した。11月、文化勲章を受章。**サンフランシスコ講和条約調印**。	
1953	78	2月、国立国語研究所評議会会長となる。9月、折口信夫死去。	『不幸なる芸術』7⑨
1954	79	5月、第8回九学会連合大会で、「海上の移住」を研究発表。	
1956	81		『妖怪談義』4⑥
1957	82	12月、自伝の口述を始める（後に『故郷七十年』として刊行）	
1959	84		**「故郷七十年拾遺」**別3 **『故郷七十年』**別3
1960	85	**日米安保条約改定**。	**「鼠の浄土」**1①（『海上の道』所収）
1961	86		**『海上の道』**1①
1962	87	『定本柳田国男集』の刊行が始まる。8月8日、心臓衰弱のため死去。	

初出
第一章　「文學界」二〇一三年十月号
第二章　「文學界」二〇一三年十月号
第三章　「文學界」二〇一三年十一月号
第四章　「文學界」二〇一三年十二月号
に「遊動論——山人と柳田国男」として連載。
付論　書き下ろし

引用に際して、ルビを補った。また、出典が旧字旧仮名づかいのものは新字新仮名づかいに改めた。

柄谷行人（からたに　こうじん）

1941年、兵庫県生まれ。哲学者。69年、「〈意識〉と〈自然〉――漱石試論」で群像新人文学賞（評論部門）を受賞しデビュー。文芸批評から出発しながらも、マルクス、カントなどを論じ、その枠に収まらない根源的思考を展開してきた。著書に『マルクスその可能性の中心』『日本近代文学の起源』『内省と遡行』『探究Ⅰ』『探究Ⅱ』『トランスクリティーク』『世界史の構造』『哲学の起源』などがある。

文春新書

953

遊動論《ゆうどうろん》　柳田国男《やなぎたくにお》と山人《やまびと》

2014年1月20日　第1刷発行
2023年9月1日　第4刷発行

著　者　柄谷行人
発行者　大松芳男
発行所　株式会社 文藝春秋

〒102-8008　東京都千代田区紀尾井町3-23
電話（03）3265-1211（代表）

印刷所　大日本印刷
製本所　大口製本

定価はカバーに表示してあります。
万一、落丁・乱丁の場合は小社製作部宛お送り下さい。
送料小社負担でお取替え致します。

ISBN978-4-16-660953-6

◆日本の歴史

皇位継承　高橋紘・所功
名字と日本人　武光誠
ハル・ノートを書いた男　須藤眞志
古墳とヤマト政権　白石太一郎
昭和史の論点　坂本多加雄・秦郁彦・半藤一利・保阪正康
二十世紀日本の戦争　阿川弘之・猪瀬直樹・中西輝政・秦郁彦・福田和也
県民性の日本地図　武光誠
謎の大王 継体天皇　水谷千秋
四代の天皇と女性たち　小田部雄次
合戦の日本地図　武光誠・合戦研究会
明治・大正・昭和 30の「真実」　三代史研究会
大名の日本地図　中嶋繁雄
平成の天皇と皇室　高橋紘
女帝と譲位の古代史　水谷千秋
旧制高校物語　秦郁彦
伊勢詣と江戸の旅　金森敦子

対論 昭和天皇　原武史・保阪正康
日本文明77の鍵　梅棹忠夫編著
美智子皇后と雅子妃　福田和也
誰も「戦後」を覚えていない　鴨下信一
徳川将軍家の結婚　山本博文
謎の豪族 蘇我氏　水谷千秋
「悪所」の民俗誌　沖浦和光
宗教の日本地図　武光誠
同時代も歴史である 一九七九年問題　坪内祐三
あの戦争になぜ負けたのか　半藤一利・保阪正康・中西輝政・戸高一成・福田和也・加藤陽子
特攻とは何か　森史朗
一万年の天皇　上田篤
十七歳の硫黄島　秋草鶴次
誰も「戦後」を覚えていない [昭和20年代後半篇]　鴨下信一
甦る海上の道・日本と琉球　谷川健一
江戸城・大奥の秘密　安藤優一郎
昭和十二年の「週刊文春」　菊池信平編
旅芸人のいた風景　沖浦和光

日本のいちばん長い夏　半藤一利編
旗本夫人が見た江戸のたそがれ　深沢秋男
元老 西園寺公望　伊藤之雄
昭和陸海軍の失敗　半藤一利・秦郁彦・平間洋一・保阪正康・黒野耐・戸高一成・戸部良一・福田和也
昭和の名将と愚将　半藤一利・保阪正康
シェーの時代　泉麻人
昭和二十年の「文藝春秋」　文春新書編集部編
零戦と戦艦大和　半藤一利・秦郁彦・前間孝則・鎌田伸一・戸高一成・江畑謙介・兵頭二十八・福田和也・清水政彦
貧民の帝都　塩見鮮一郎
中世の貧民　塩見鮮一郎
江戸の貧民　塩見鮮一郎
東京裁判を正しく読む　牛村圭・日暮吉延
昭和天皇の履歴書　文春新書編集部編
誰も「戦後」を覚えていない [昭和30年代篇]　鴨下信一
対談 昭和史発掘　松本清張
幕末下級武士のリストラ戦記　安藤優一郎
山県有朋　伊藤之雄
ユリ・ゲラーがやってきた　鴨下信一

父が子に教える昭和史　半藤一利・藤原正彦・中西輝政・柳田邦男・福田和也・保阪正康他

昭和の遺書　梯 久美子

「阿修羅像」の真実　長部日出雄

謎の渡来人 秦氏　水谷千秋

徳川家が見た幕末維新　徳川宗英

皇太子と雅子妃の運命　文藝春秋編

昭和天皇と美智子妃 その危機に　加藤恭子 田島恭二監修

帝国陸軍の栄光と転落　別宮暖朗

指揮官の決断　早坂 隆

硫黄島 栗林中将の最期　梯 久美子

皇族と帝国陸海軍　浅見雅男

天皇はなぜ万世一系なのか　本郷和人

戦国武将の遺言状　小澤富夫

評伝 若泉敬　森田吉彦

帝国海軍の勝利と滅亡　別宮暖朗

日本人の誇り　藤原正彦

松井石根と南京事件の真実　早坂 隆

「坂の上の雲」100人の名言　東谷 暁

徹底検証 日清・日露戦争　半藤一利・秦 郁彦・原 剛・松本健一・戸髙一成

天皇陵の謎　矢澤高太郎

謎とき平清盛　本郷和人

よみがえる昭和天皇　辺見じゅん 保阪正康

原発と原爆　有馬哲夫

信長の血統　山本博文

日本型リーダーはなぜ失敗するのか　半藤一利

東京裁判 フランス人判事の無罪論　大岡優一郎

児玉誉士夫 巨魁の昭和史　有馬哲夫

伊勢神宮と天皇の謎　武澤秀一

藤原道長の権力と欲望　倉本一宏

継体天皇と朝鮮半島の謎　水谷千秋

国境の日本史　武光 誠

西郷隆盛の首を発見した男　大野敏明

（2014. 9）A

◆経済と企業

金融工学、こんなに面白い　野口悠紀雄
日本企業モラルハザード史　有森 隆
臆病者のための株入門　橘 玲
臆病者のための億万長者入門　橘 玲
団塊格差　三浦 展
熱湯経営　樋口武男
定年後の8万時間に挑む　加藤 仁
ポスト消費社会のゆくえ　辻井 喬　上野千鶴子
霞が関埋蔵金男が明かす「お国の経済」　髙橋洋一
石油の支配者　浜田和幸
強欲資本主義 ウォール街の自爆　神谷秀樹
日本経済の勝ち方 太陽エネルギー革命　村沢義久
ハイブリッド　木野龍逸
エコノミストを格付けする　東谷 暁
就活って何だ　森 健
新・マネー敗戦　岩本沙弓

自分をデフレ化しない方法　勝間和代
先の先を読め　樋口武男
JAL崩壊　日本航空・グループ2010
明日のリーダーのために　葛西敬之
ユニクロ型デフレと国家破産　浜 矩子
もし顔を見るのも嫌な人間が上司になったら　江上 剛
ぼくらの就活戦記　森 健
ゴールドマン・サックス研究　神谷秀樹
出版大崩壊　山田 順
東電帝国 その失敗の本質　志村嘉一郎
修羅場の経営責任　国広 正
資産フライト　山田 順
脱ニッポン富国論　山田 順
さよなら！ 僕らのソニー　立石泰則
ビジネスパーソンのための契約の教科書　福井健策
日本人はなぜ株で損するのか？　藤原敬之
日本国はいくら借金できるのか？　川北隆雄
高橋是清と井上準之助　鈴木 隆

ビジネスパーソンのための企業法務の教科書　西村あさひ法律事務所編
サイバー・テロ 日米vs.中国　土屋大洋
ブラック企業　今野晴貴
新・国富論　浜 矩子
税金 常識のウソ　神野直彦
エコノミストには絶対分からないEU危機　広岡裕児
『ONE PIECE』と『相棒』でわかる！ 細野真宏の世界一わかりやすい投資講座　細野真宏
通貨「円」の謎　竹森俊平
こんなリーダーになりたい　佐々木常夫
日本型モノづくりの敗北　湯之上 隆
売る力　鈴木敏文
日本の会社40の弱点　小平達也
平成経済事件の怪物たち　森 功
アメリカは日本の消費税を許さない　岩本沙弓
税務署が隠したい増税の正体　山田 順
税金を払わない巨大企業　富岡幸雄
石油の「埋蔵量」は誰が決めるのか？　岩瀬 昇

◆政治の世界

日本国憲法を考える　西　修
拒否できない日本　関岡英之
憲法の常識 常識の憲法　百地　章
日本のインテリジェンス機関　大森義夫
ジャパン・ハンド　春原　剛
女子の本懐　小池百合子
政治家失格　田﨑史郎
世襲議員のからくり　上杉　隆
民主党が日本経済を破壊する　与謝野　馨
司馬遼太郎 リーダーの条件　半藤一利・磯田道史 鴨下信一他
鳩山一族 その金脈と血脈　佐野眞一
日本人へ リーダー篇　塩野七生
日本人へ 国家と歴史篇　塩野七生
日本人へ 危機からの脱出篇　塩野七生
小沢一郎 50の謎を解く　後藤謙次
財務官僚の出世と人事　岸　宣仁
ここがおかしい、外国人参政権　井上　薫
公共事業が日本を救う　藤井　聡
実録 政治vs.特捜検察　塩野谷　晶
日米同盟vs.中国・北朝鮮　リチャード・L・アーミテージ ジョセフ・S・ナイJr 春原　剛
テレビは総理を殺したか　菊池正史
体験ルポ 国会議員に立候補する　若林亜紀
決断できない日本　ケビン・メア
体制維新——大阪都　橋下　徹 堺屋太一
自滅するアメリカ帝国　伊藤　貫
郵政崩壊とTPP　東谷　暁
独裁者プーチン　名越健郎
政治の修羅場　鈴木宗男
日本破滅論　藤井　聡 中野剛志
特捜検察は誰を逮捕したいか　大島真生
地方維新vs.土着権力　八幡和郎
「維新」する覚悟　堺屋太一
新しい国へ　安倍晋三
アベノミクス大論争　文藝春秋編
国会改造論　小堀眞裕
小泉進次郎の闘う言葉　常井健一
憲法改正の論点　西　修
政治の急所　飯島　勲
原発敗戦　船橋洋一
日米中アジア開戦　陳　破空 山田智美訳

(2014. 9) B

◆世界の国と歴史

二十世紀をどう見るか　野田宣雄
ローマ人への20の質問　塩野七生
民族の世界地図　21世紀研究会編
地名の世界地図　21世紀研究会編
人名の世界地図　21世紀研究会編
歴史とはなにか　岡田英弘
常識の世界地図　21世紀研究会編
イスラームの世界地図　21世紀研究会編
色彩の世界地図　21世紀研究会編
食の世界地図　21世紀研究会編
戦争の常識　鍛冶俊樹
フランス7つの謎　小田中直樹
新・民族の世界地図　21世紀研究会編
空気と戦争　猪瀬直樹
法律の世界地図　21世紀研究会編
ロシア　闇と魂の国家　亀山郁夫　佐藤　優
国旗・国歌の世界地図　21世紀研究会編
金融恐慌とユダヤ・キリスト教　島田裕巳
新約聖書Ⅰ　新共同訳　佐藤　優解説
新約聖書Ⅱ　新共同訳　佐藤　優解説
池上彰の宗教がわかれば世界が見える　池上　彰
池上彰の「ニュース、そこからですか!?」　池上　彰
チャーチルの亡霊　前田洋平
イタリア人と日本人、どっちがバカ？　ファブリツィオ・グラッセッリ
二十世紀論　福田和也
池上彰のニュースから未来が見える　池上　彰
グローバリズムが世界を滅ぼす　エマニュエル・トッド　ハジュン・チャン他
第一次世界大戦はなぜ始まったのか　別宮暖朗

◆アジアの国と歴史

韓国人の歴史観　黒田勝弘
中国人の歴史観　劉　傑
「南京事件」の探究　北村　稔
中国はなぜ「反日」になったか　清水美和
竹島は日韓どちらのものか　下條正男
在日・強制連行の神話　鄭　大均
東アジア「反日」トライアングル　古田博司
歴史の嘘を見破る　中嶋嶺雄編
〝日本離れ〟できない韓国　黒田勝弘
韓国・北朝鮮の嘘を見破る　鄭　大均　古田博司編
北朝鮮・驚愕の教科書　宮塚利雄　宮塚寿美子
百人斬り裁判から南京へ　稲田朋美
中国雑話　中国的思想　酒見賢一
中国を追われたウイグル人　水谷尚子
旅順と南京　一ノ瀬俊也
若き世代に語る日中戦争　伊藤桂一　野田明美(聞き手)

新 脱亜論　渡辺利夫
中国が予測する "北朝鮮崩壊の日"　綾野 富坂聰編
中国共産党「天皇工作」秘録　城山英巳
外交官が見た「中国人の対日観」　道上尚史
中国の地下経済　富坂聰
日中韓 歴史大論争　櫻井よしこ・田久保忠衛・古田博司 劉江永・歩平・金燦栄・趙甲濟・洪熒
ソニーはなぜサムスンに抜かれたのか　菅野朋子
金正日と金正恩の正体　李相哲
中国人一億人電脳調査　城山英巳
緊迫シミュレーション 日中もし戦わば　マイケル・グリーン 張宇燕・春原剛・富坂聰
韓国併合への道 完全版　呉善花
中国人民解放軍の内幕　富坂聰
習近平の密約　加藤隆則 竹内誠一郎
北朝鮮秘録　牧野愛博
独裁者に原爆を売る男たち　会川晴之
現代中国悪女列伝　福島香織
侮日論　呉善花
中国停滞の核心　津上俊哉

◆教える・育てる

幼児教育と脳　澤口俊之
不登校の解法　団士郎
大人に役立つ算数　小宮山博仁
子どもが壊れる家　草薙厚子
父親のすすめ　日垣隆
食育のススメ　黒岩比佐子
明治人の作法　横山験也
こんな言葉で叱られたい　清武英利
著名人名づけ事典　矢島裕紀彦
人気講師が教える理系脳のつくり方　村上綾一

◆スポーツの世界

力士の世界　33代 木村庄之助
宇津木魂　宇津木妙子
不屈の「心体」　大畑大介
イチロー・インタヴューズ　石田雄太
ワールドカップは誰のものか　後藤健生
野球へのラブレター　長嶋茂雄
山で失敗しない10の鉄則　岩崎元郎
本田にパスの36%を集中せよ　森本美行
駅伝流　渡辺康幸
プロ野球「衝撃の昭和史」　二宮清純
新日本プロレス12人の怪人　門馬忠雄
全日本プロレス超人伝説　門馬忠雄
東京五輪1964　佐藤次郎
サッカーと人種差別　陣野俊史

(2014. 9) C

◆考えるヒント

誰か「戦前」を知らないか　山本夏彦
百年分を一時間で　山本夏彦
民主主義とは何なのか　長谷川三千子
寝ながら学べる構造主義　内田　樹
わが人生の案内人　澤地久枝
常識「日本の論点」　『日本の論点』編集部編
勝つための論文の書き方　鹿島　茂
男女の仲　山本夏彦
東大教師が新入生にすすめる本　文藝春秋編
東大教師が新入生にすすめる本2　文藝春秋編
面接力　梅森浩一
成功術　時間の戦略　鎌田浩毅
唯幻論物語　岸田　秀
10年後の日本　『日本の論点』編集部編
「秘めごと」礼賛　坂崎重盛
大丈夫な日本　福田和也

お坊さんだって悩んでる　玄侑宗久
私家版・ユダヤ文化論　内田　樹
論争　格差社会　文春新書編集部編
10年後のあなた　『日本の論点』編集部編
退屈力　齋藤　孝
27人のすごい議論　『日本の論点』編集部編
世間も他人も気にしない　ひろさちや
信じない人のための〈法華経〉講座　中村圭志
なにもかも小林秀雄に教わった　木田　元
論争　若者論　文春新書編集部編
坐る力　齋藤　孝
断る力　勝間和代
世界がわかる理系の名著　鎌田浩毅
完本　紳士と淑女　徳岡孝夫
愚の力　大谷光真
ぼくらの頭脳の鍛え方　立花　隆・佐藤　優
静思のすすめ　大谷徹奘
日本版白熱教室　サンデルにならって正義を考えよう　小林正弥

イエスの言葉　ケセン語訳　山浦玄嗣
聞く力　阿川佐和子
叱られる力　阿川佐和子
泣ける話、笑える話　徳岡孝夫・中野　翠
金の社員・銀の社員・銅の社員　秋元征紘・田所邦雄・ジャイロ経営塾
「強さ」とは何か。　鈴木義孝・構成　宗　由貴・監修
人間の叡智　佐藤　優
選ぶ力　五木寛之
何のために働くのか　寺島実郎
日本人の知らない武士道　アレキサンダー・ベネット
〈東大・京大式〉頭がよくなるパズル　東大・京大パズル研究会　東田大志・
〈東大・京大式〉頭がスッキリするパズル　東大・京大パズル研究会　東田大志・
つい話したくなる世界のなぞなぞ　のり・たまみ
勝負心　渡辺　明
迷わない。　櫻井よしこ
男性論　ヤマザキマリ
サバイバル宗教論　佐藤　優

(2014. 9) D

文春学藝ライブラリー

柳田国男著・柄谷行人編

『「小さきもの」の思想』

柳田国男が生涯にわたって探求していたのは何だったのか。その「可能性の中心」がくっきりと浮かび上がる画期的なアンソロジー。

文藝春秋刊